A linguagem corporal no trabalho

Dados Internacionais de Catalogação na Publicação (CIP)
(Câmara Brasileira do Livro, SP, Brasil)

Givens, David
　　A linguagem corporal no trabalho / David Givens ; tradução de Daniela Barbosa Henriques. 2. ed. – Petrópolis, RJ : Vozes, 2014.

　　Título original : Your body at work
　　Bibliografia
　　ISBN 978-85-326-4136-6

　　1. Comunicação não verbal no local de trabalho 2. Linguagem corporal I. Título.

11-03443 　　　　　　　　　　　　　　　　　　CDD-153.69

Índices para catálogo sistemático:
　1. Linguagem corporal ; Técnicas para aprimorar relacionamentos pessoais e profissionais : Psicologia　　153.69

David Givens

A linguagem corporal no trabalho

Tradução de Daniela Barbosa Henriques

VOZES

© 2010 by David Givens
© do prefácio, 2010 by Joe Navarro

Título original inglês: *Your Body at Work*

Direitos de publicação em lingual portuguesa – Brasil:
2011, Editora Vozes Ltda.
Rua Frei Luís, 100
25689-900 Petrópolis, RJ
Internet: http://www.vozes.com.br
Brasil

Todos os direitos reservados. Nenhuma parte desta obra poderá ser reproduzida ou transmitida por qualquer forma e/ou quaisquer meios (eletrônico ou mecânico, incluindo fotocópia e gravação) ou arquivada em qualquer sistema ou banco de dados sem permissão escrita da editora.

Diretor editorial
Frei Antônio Moser

Editores
Aline dos Santos Carneiro
José Maria da Silva
Lídio Peretti
Marilac Loraine Oleniki

Secretário executivo
João Batista Kreuch

Editoração: Dora Beatriz V. Noronha
Diagramação: AG.SR Desenv. Gráfico
Ilustração, miolo e capa: Leonel Domingues
Capa: Leonel Domingues

ISBN 978-85-326-4136-6 (edição brasileira)
ISBN 978-0-312-57047-7 (edição americana)

Editado conforme o novo acordo ortográfico.

Este livro foi composto e impresso pela Editora Vozes Ltda.

Para os meus filhos, David Scott Givens e Aaron McKenna Huffman, com amor.

Agradecimentos

Gostaria de agradecer aos meus colegas das áreas de antropologia, arqueologia, biologia, embriologia, linguística, neurociências, psiquiatria, psicologia e semiótica que estudam a comunicação humana do ponto de vista científico. Agradeço Yaniv Soha, meu editor da St. Martin's Press, por sua constante sabedoria, generosidade e orientação. Agradecimentos sinceros a Eileen Cope, minha agente no Trident Media Group, em Nova York, por seu apoio – e por possibilitar este projeto.

Sumário

Apresentação, 9
   Joe Navarro

Prefácio – A política corporal dos negócios, 13

1 Linguagem corporal no trabalho, 17

2 O valor do rosto, 35

3 Olho no olho, 48

4 Negócios nas mãos, 67

5 As nuanças dos ombros, 88

6 Currículo capilar, 107

7 Quebrando o protocolo do vestuário, 121

8 A alma do sapato corporativo, 138

9 Dimensões críticas do espaço no trabalho, 148

10 Uma reunião decodificada, 170

11 Não existem chefes ruins, 185

12 Sinais de entrosamento no trabalho, 202

13 Os sinais da confiança, 220

Conclusão – O seu corpo no trabalho, 239

Referências, 243

Apresentação

Joe Navarro
Autor de *What Every Body is Saying* e *Louder Than Words*.
Flórida: Tampa.

Quando David Givens me pediu para escrever a apresentação do seu livro, senti-me muito honrado, considerando quem me fazia o pedido. Por aproximadamente 15 anos, sou um leitor entusiástico da obra de David Givens. Em grande parte, ele formou e moldou o que penso sobre o comportamento humano e a comunicação não verbal, o que se reflete no que escrevo. Aqueles que acompanham o seu trabalho e usam o seu dicionário de comunicação não verbal reconhecem o que ele de fato é – um gigante entre nós.

David Givens escreve no mesmo estilo em que leciona, como todos gostariam que os professores lecionassem: abrindo os olhos dos alunos e depois conduzindo-os em uma jornada de aprendizagem. É uma bela viagem que agrega clareza e nuanças, além de enriquecer a nossa compreensão de um mundo cuja comunicação é principalmente não verbal.

Ao contrário da maioria dos escritores, David Givens nos permite conhecer todo o seu pensamento e toda a sua visão de mundo, e não apenas o que deseja que conheçamos. Assim, ele empresta à sua obra uma perspectiva antropológica, explorando o *porquê* e o *como* da humanidade com uma dose de bom humor, afinal, de vários modos, às vezes nos comportamos como os nossos parentes mais próximos – digo, aqueles no zoológico. É desse ponto de vista antropológico que ele nos toca e, com um sorriso e uma reverência pela aprendizagem, faz-nos analisar a fundo as nossas atitudes primitivas para que possamos entender-nos melhor. Ele mostra um espelho para que nos vejamos de forma nova, com uma outra compreensão do que é ser humano e como comunicamos nossos pensamentos e sentimentos.

Nesta sua obra atual, ele não decepciona.

Após pesquisa meticulosa e utilizando todas as ciências pertinentes (sociologia, biologia, neurologia, psicologia, anatomia e fisiologia, dentre outras), ele mostra o que direciona o nosso comportamento e por que somos influenciados por coisas tão pequenas, como a aparência de nossas mãos ou a vaga que escolhemos para estacionar o carro. Ele examina a linguagem corporal no trabalho dos pés à cabeça, com a curiosidade e o questionamento de um cientista ansioso por descobrir fatos inéditos. David Givens disseca o tópico nos mais ínfimos detalhes: o que dizem o seu cabelo, os seus olhos, o seu quadril, os dedos dos pés. O que vemos em *Love Signals* sobre as relações amorosas, e em *Crime Signals*, sobre os crimes, David Givens repete agora no setor do trabalho, com esta obra de primeira categoria, *A linguagem corporal no trabalho*.

Repleta de exemplos do mundo do trabalho atual, o novo livro de David Givens explora os alicerces do comportamento e da comunicação corporativos. Apenas alguém que se dedicou por toda a vida a entender a nossa espécie é capaz de falar sobre liderança, ambição, confiança e mentira no cenário corporativo com a autoridade de David Givens. O que Desmond Morris fez em *O macaco nu*, David Givens faz agora em relação aos macacos corporativos: você e eu.

Se você adora aprender, gosta de ciências, ama os questionamentos sobre o comportamento humano, se tem interesse em comunicação empresarial, ou se trabalha na área de recursos humanos ou administração, vai saborear este livro. É o tipo de obra que podemos reler várias vezes e sempre encontrar novas pepitas de ouro. Ela tem muito a nos ensinar sobre nós mesmos.

Muitos livros sobre comunicação não verbal contribuem com a literatura, mas, vez por outra, surge algo que se torna um marco e cria um novo padrão, fazendo-nos parar e admirar. São poucos os livros assim e, graças a David Givens, mais um entra para a seleta lista.

Prefácio
A política corporal dos negócios

David B. Givens, Ph.D.
Centro de Estudos Não Verbais.
Spokane, Washington.

Apertar a mão daquele homem foi um dos momentos mais importantes da minha vida

Sam Solovey, participante da série de TV da NBC *O aprendiz*, apresentada por Donald Trump (O'BRIEN, 2005: 22).

A linguagem corporal dele é muito aberta. Os lábios protuberantes parecem apontar para você, e o cabelo penteado para frente já foi apelidado de "capacete Taj Mahal". Para atrair as mulheres, ele já vestiu ternos cor de vinho combinando com sapatos de couro chamativos. Quem é esse homem? É o autodenominado bilionário e negociador Donald John Trump, cuja conduta ilustra o poder da linguagem corporal nos negócios, nos chefes e nas salas de reuniões.

Na sala de reuniões do seu *reality show*, *O aprendiz*, quando Donald Trump apontava a sua mão direita e dizia: "Você está despedido", via-se mais do que um simples gesto. Como declarou Jennifer Crisafulli, participante da segunda temporada de *O aprendiz*, ao programa *Today*: "Minúsculas balas, balas invisíveis saem voando dos dedos dele e acertam o seu peito" (O'BRIEN, 2005: 22). Para Crisafulli, a gesticulação de Trump por sobre a mesa disparava uma força misteriosa através das pontas dos seus dedos. Não restou dúvida alguma: quando Trump disse aquelas palavras e apontou, Jennifer sentiu a força e soube que havia sido despedida de verdade.

O objetivo das "balas invisíveis" que Crisafulli descreve é adicionar ênfase – poder de fogo gestual – às palavras do chefe. Os movimentos manuais ao estilo de Trump estão entre milhares de pistas, sinais e símbolos não verbais enviados e recebidos todos os dias no local de trabalho. Eles aparecem regularmente, das 9 às 17h, em colegas, clientes, gerentes e chefes. Talvez ainda mais do que memorandos escritos, mensagens de texto e e-mails, os sinais não verbais têm o poder de inspirar ou intimidar, despertar empatia, lealdade, raiva ou medo.

Usamos a dramaturgia da linguagem corporal de Donald Trump para iniciar uma viagem pelo mundo não verbal do trabalho. No caminho, exploraremos dimensões desconhecidas do espaço de trabalho, decifraremos as mensagens corporativas cifradas nos sapatos e assistiremos a expressivas armadilhas com os ombros na sala de reuniões. Encontraremos significados ocultos nos sinais direcionados aos nossos sentidos de visão, tato, audição, paladar e olfato.

Comecemos com o olfato. Considere o aroma do café, uma bebida aparentemente comum que de fato desempenha um importante papel no local de trabalho. Em um memorando aos executivos datado de 14 de fevereiro de 2007, o presidente da Starbucks, Howard Schultz, lamentava que a sua empresa houvesse deixado de vender os grãos armazenados em caixas de café abertas e passado a vendê-los embalados em pacotes fechados.

"Conseguimos preservar o café torrado e empacotado, mas a que preço?," ele lamentava. "A perda do aroma – talvez o sinal não verbal mais poderoso que tínhamos em nossas lojas" (ADAMY, 2007). Como parte do seu trabalho, Schultz visita de 30 a 40 lojas da Starbucks por semana, e os sinais de aromas têm alta conta em sua agenda. Em uma loja na região de Seattle, ele reclamou de um forte odor de queijo queimado que exalava de um sanduíche assado no forno. Como o cheiro de queijo prejudicava o tema aromático de café da Starbucks, Schultz ordenou que todas as suas lojas mudassem os fornos. Em termos de aroma, Schultz "despediu" sumariamente o fogão.

Os gestos manuais de Donald Trump e os sinais aromáticos de Howard Schultz são apenas dois dos sinais que encontrei no ambiente de trabalho. São cenas não faladas, sons, texturas e odores que revelam o que acontece no mundo do trabalho à parte dos relatórios orais ou escritos. Quanto mais você souber a respeito, melhor será a sua situação no mundo não verbal de negócios, chefes e salas de reuniões. Com este livro, espero proporcionar uma nova visão sobre o lado sensorial dos negócios que está totalmente fora dos organogramas.

1
Linguagem corporal no trabalho

É possível observar muito se prestarmos atenção.
Lawrence Peter ("Yogi") Berra.

O local de trabalho é um ambiente bastante verbal: telefones, e-mails, teclados, relatórios escritos, mensagens de texto, memorandos e reuniões. Centenas, milhares, milhões de palavras – impressas, faladas, sussurradas e gritadas – cumprimentam você e disputam a sua atenção integral. Ouça-me, leia-me, preste atenção!

Este livro, porém, não trata de palavras, mas do que subjaz a elas: sentimentos, emoções e estados de ânimo não falados. Trata do não dito – agendas ocultas, planos escondidos e esquemas secretos. É frequente haver uma motivação, programa ou plano secreto sob a verbosidade corporativa. Sherlock Holmes sabiamente nos ensinou a observar significados ocultos em itens comuns, como cadarços de sapatos, a unha do dedão do pé e as mangas de uma camisa. Neste livro, você aprenderá a decodificar e decifrar mensagens ocultas reveladas por pistas não verbais e pela linguagem corporal no ambiente de trabalho – da cabeça aos pés. O que as mãos, os ombros, o rosto e as pálpebras dizem na sala de reuniões, mas que os memorandos e as palavras omitem? Como as roupas de trabalho fazem você parecer mais forte ou fraco e mais ou menos competente? Que segredos guardam os armários, arquivos, áreas comuns e salas corporativas? Existem significados a descobrir em toda parte, em todas as empresas, nas roupas, na decoração e no comportamento.

Ao longo deste livro, eu utilizo o termo *decifração* (em inglês, *sightreading*) com o significado de "observação inteligente". O vocábulo *sight* deriva de *sekw-*, radical indo-europeu de 7.000 anos que significa "perceber". Sentidos importantes da palavra inglesa *read* são "prever a partir de exame" e "determinar a intenção ou o humor" (SOUKHANOV, 1992: 1.504). Assim, a decifração é o ato de prever intenção e humor através do exame perceptivo de sinais não verbais.

Aprender a decodificar os sinais no trabalho será útil não apenas para você tornar-se um melhor ouvinte, mas também um melhor funcionário e supervisor. Observar a linguagem corporal enquanto escuta revelará as emoções por trás das palavras. Ao observar ativamente, você será mais empático, persuasivo e colaborativo no trabalho. Ademais, enxergar além das palavras faladas ajudará a medir o nível de confiança ou desconfiança entre os colegas. A confiança pode ser afirmada por atos tão simples como um olhar imperturbável e negada por um sutil piscar de olhos.

Escuta perceptiva, empatia, persuasão, colaboração, consciência e confiança são traços de um estilo administrativo conhecido como *liderança servil*. A liderança servil é a noção prescritiva de que um chefe deve liderar não apenas com a finalidade de acumular poder, mas de direcionar o bem-estar dos funcionários às metas da empresa. Os alunos da pós-graduação das minhas aulas de Comunicação e Liderança geralmente ficam ansiosos por aplicar a liderança servil em seus empregos. A meta é liderar mais pelo exemplo do que por ordens. Por exemplo, ao participar de uma sessão de envelopamento de última hora, o chefe pode demonstrar o seu compromisso físico com o projeto, e não simplesmente ordenar: "Estas cartas precisam ficar prontas imediatamente".

Como antropólogo especializado em comunicação não verbal, eu estudo como os humanos se comunicam além das palavras faladas, sinalizadas manualmente e escritas. Após ser professor durante cinco anos na Universidade de Washington em Seattle, eu mudei para a outra Washington, Washington, D.C. Durante doze anos – na cidade que alguns chamam de "a capital-escritório do mundo" – trabalhei como executivo em administração de associações. Ao voltar ao Estado de Washington, eu prestei consultoria profissional sobre questões de comunicação não verbal ao Departamento de Defesa dos Estados Unidos, à Agência de Proteção Ambiental, ao FBI e a empresas como Masterfoods USA, Pfizer, Best Buy, Kimberly-Clark Worldwide e Unilever. Graças ao trabalho de campo em diversos *habitats* comerciais, aprendi a decodificar a linguagem muda das empresas.

Um dos meus trabalhos favoritos foi a pesquisa que coordenei para a Unilever sobre "A linguagem das mãos". Eu sabia que as mãos humanas haviam sido proeminentemente retratadas na pintura e escultura, desde a arte rupestre da Era do Gelo até as obras-primas de Michelangelo e Rodin, mas não havia percebido como as mensagens das mãos poderiam ser críticas na sala de reuniões. À medida que os colegas discutem os negócios frente a frente, eles inconscientemente monitoram as mãos com um olhar afiado, embora inconsciente.

O que o estudo da Unilever evidenciou foi o quanto observamos as mãos e seus sinais emocionais. Como os artistas, temos a aguda consciência de que os pulsos, as palmas e os dedos têm algo importante a dizer. Ao contrário dos artistas, porém, as nossas próprias observações geralmente não são instruídas, sendo vagas e escapando à nossa consciência. Percebemos algo em um gesto das mãos, mas não conseguimos expressar facilmente a nossa percepção com palavras. Ao contrário de Michelangelo, que estudou a anatomia humana, a maioria de nós não consegue apontar o formato ou a posição precisa da mão que nos fez perceber uma mudança de humor. Existe uma desconexão intelectual entre gesto e sentimento.

Para saber como as pessoas comuns que não são artistas deciframaas mãos, a minha equipe de pesquisa mostrou 12 fotografias de alta resolução de formatos e gestos das mãos a 100 sujeitos nas maiores áreas metropolitanas de Los Angeles, Cidade do Kansas (Missouri), Chicago e Boston. As fotos variavam das mãos bem tratadas de um administrador educacional até as mãos toscas de um eletricista em atividade. Perguntamos: "O que estas mãos 'dizem' a você?"; "Que traços físicos você percebe?"; "De que características você gosta ou não? Por quê?"; "Qual destas mãos você gostaria menos de apertar? Por quê?" E, finalmente: "Do que você mais gosta em suas próprias mãos? Por quê?" A amostra não aleatória e de conveniência incluiu 47% de homens e 53% de mulheres, de 18 a 66 anos (idade média = 37), cujas profissões variavam de médico a padeiro.

Ficamos espantados com a qualidade e quantidade das respostas verbais. Embora os sujeitos tivessem percebido muito, não tiveram quase nada a dizer sobre as mãos, seu formato, tamanho, condição e gestos. Sem influência alguma da minha equipe treinada de antropólogos de campo, os entrevistados indicaram voluntariamente um total de 4.025 descritores (palavras e frases) para descrever as 12 fotos das mãos.

O que o estudo da Unilever evidenciou sobre a linguagem muda dos negócios? Em uma reunião de negócios, quanto menos atraente a mão, menor será a probabilidade de um colega perceber os seus gestos. No estudo, quanto mais negativamente a aparência da mão era considerada, diminuía a atenção dispensada aos seus gestos e formatos. As características feias disputaram a atenção visual e simplesmente ofuscaram o gesto – e, consequentemente, o *gesticulador*. Os participantes foram menos capazes de ler, interpretar e decodificar os gestos feitos por mãos com problemas físicos, as quais, novamente segundo as palavras dos observadores, mostravam "linhas", "cicatrizes", "manchas", "calos", "sujeira", "aspereza", "ressecamento", "marcas", "cutículas secas" e "unhas irregulares".

Ao contrário, quanto mais atraente a mão, maior a probabilidade de os colegas perceberem e decodificarem os seus sinais. No estudo sobre a Linguagem das Mãos, percebemos que, quanto mais positiva a impressão que se tem das mãos, maior a atenção dispensada a sua forma e gestos. Em suma, os participantes conseguiram ver e decifrar melhor os gestos produzidos por mãos fisicamente agradáveis. As mãos atraentes foram descritas como "limpas", "cuidadas", "manicuradas", "tratadas", "fortes", "não secas" e "suaves".

Quem diria que poderia existir tanto significado em algo que geralmente nem sabemos que estamos percebendo? Talvez o antropólogo Edward Sapir tenha dado a melhor definição ao escrever: "Reagimos aos gestos com extrema atenção e, pode-se quase dizer, de acordo com um código elaborado e secreto que não está escrito em lugar algum, não é conhecido por ninguém, mas é entendido por todos" (SAPIR, 1929: 137).

Em 25 de julho de 2002, as descobertas da Linguagem das Mãos foram divulgadas em uma entrevista coletiva à imprensa no terraço do Library Hotel, na cidade de Nova York. "O trabalho do

Centro de Estudos Não Verbais" (a organização privada de pesquisa que eu fundei em 1997, em Spokane, Washington) "ajuda-nos a entender melhor como as pessoas se sentem sobre as suas mãos e as mãos ao redor", declarou o gerente de marcas de cremes para as mãos da Unilever, Pablo Gazzerra (WHITE, 2002).

A pesquisa da Universidade de Chicago mostra que os gestos falantes auxiliam a memória verbal e melhoram o pensamento cognitivo. Os sinais manuais não verbais, então, fortalecem o poder persuasivo das palavras vocais. Eles são agentes essenciais na linguagem muda das reuniões de negócios, e as suas mãos devem ser arrumadas para os papéis que desempenharão sobre a mesa da sala de reuniões. Mas elas são apenas um elemento em toda uma linguagem de sinais não verbais à qual você será apresentado em breve.

Decifrando a linguagem corporal na sala de reuniões

Imagine uma reunião da diretoria como um jogo de pôquer. Como explica Joe Navarro, guru do pôquer e ex-identificador do FBI: "O principal objetivo da observação na mesa de pôquer é o acúmulo de inteligência – você deseja saber o máximo possível sobre cada um dos seus oponentes à mesa" (NAVARRO, 2006: 10-11). Na mesa de cartas ou de reuniões, os riscos são altos e, em ambos os jogos, o jogador que observa a linguagem corporal leva vantagem.

Da sua cadeira giratória dentro da sala de reuniões, você observa as emoções flamejando sobre a mesa. Você vê lábios comprimindo-se, olhos revirando-se, ombros que se encolhem, mãos contraindo-se. Esses sinais visíveis permitem que você meça – sem palavras – a opinião dos membros da diretoria. Como os "sinais" mudos do pôquer, os movimentos corporais visíveis são reveladores.

Como sou antropólogo estudioso da linguagem corporal, às vezes sou convidado a assistir a reuniões privadas realizadas a portas fechadas. "Gostaríamos que nos falasse", sou solicitado, "o que está realmente acontecendo em nossa sala de reuniões". Então, entro como convidado, sento tranquilamente e cruzo os braços sobre a mesa. Ignoro mentalmente o som para que o burburinho constante da sala não atrapalhe a minha concentração. Eu desejo observar como os participantes se comportam sem ouvir o que dizem. Conhecido como "observação discreta", esse método é usado por Jane Goodall para estudar os chimpanzés selvagens na África. Para observar melhor os gestos e movimentos corporais dos chimpanzés, Goodall ignora momentaneamente seus ruídos, guinchos e sons vocais. O que os primatas fazem na floresta quase sempre é mais importante do que suas vozes.

Na sala de reuniões, eu observava a flexão, a extensão, o giro e a dança de mãos, braços e ombros humanos sobre o campo de atuação perfeitamente estável da mesa de reuniões. Na minha função de antropólogo visitante, eu imaginava a superfície da mesa como Goodall deve ter visto a Planície do Serengueti, na África Oriental. Eu observei leões, chacais e gnus lutando pela sobrevivência dos mais fortes. Na superfície polida da planície corporativa, os colegas misturavam papéis, duelavam com gestos manuais e conduziam negócios frente a frente. Dependendo do item da pauta em discussão, trocavam olhares pensativos, inquisidores, acanhados ou tenazes. Todos falavam – em voz alta ou baixa, alguns mais do que outros. As reuniões de negócios nada representam se não forem verbais. Mas o que os lábios, os olhos e a ponta dos dedos disseram além das palavras? Qual foi a pauta não falada da reunião, o seu subtexto não escrito? O meu trabalho foi entender o drama pela avaliação da linguagem corporal.

O caso do gesto ausente

Uma faceta curiosa da linguagem corporal é que sentimentos, opiniões e estados de ânimo podem ser expressos com ou sem movimentos. A mão que bate na mesa, por exemplo, pode mostrar insistência ou raiva, enquanto a mão que se esconde sob a mesa pode mostrar desentrosamento ou abandono do grupo. Existe significado ainda que a mão não se mova.

Observei um caso revelador de "mãos mudas" em uma reunião de 20 minutos que filmei em Seattle, Washington, no início da década de 1980. A década de 1980 testemunhou o número crescente de mulheres que passaram a integrar a força de trabalho, muitas enfrentando pela primeira vez uma concorrência séria e de igual para igual com os homens. Barbara, uma das participantes da reunião, passou o tempo todo com ambas as mãos no colo, sob a mesa. Embora ela comentasse as questões, suas mãos permaneceram invisíveis, sem nada a dizer. A filmagem demonstrou que os seis colegas homens de Barbara prestavam muito pouca atenção a ela ou seus comentários. Eles se olhavam, mas raramente dirigiam um olhar sequer a Barbara.

Quando reproduzi o vídeo para ela, os gestos das mãos de Barbara pareceram ainda mais conspícuos por sua ausência. Ao não envolver os outros com suas mãos ao ouvir ou falar, o comportamento de Barbara sugeriu pouco interesse na reunião. Ainda mais importante, o seu comportamento demonstrou pouca preocupação com os participantes da sala. Ela pareceu indiferente à pauta da reunião da mesma forma que estava apartada do grupo. Para os olhos humanos, o que não pode ser visto parece não existir, e Barbara, sem intenção nem consciência, transformou-se em um fantasma.

Ao rever o filme comigo, Barbara me disse que havia percebido que seus comentários não eram levados a sério pelos colegas. Isso contribuiu para a sua postura indiferente – recostada na cadeira, não direcionando a parte superior do corpo a quem falava (em vez de orientá-la ao falante) e mantendo as mãos paradas. Como a minha função era a de consultor do grupo de Seattle, recomendei que, nas próximas reuniões, Barbara posicionasse ambas as mãos sobre a mesa e as movimentasse – gesticulasse – para trazer os outros ao seu espaço pessoal e esfera de influência. Considerando que os movimentos corporais atraem os olhos, movimentar a mão é suficiente para chamar a atenção. É como acenar para atrair a atenção de alguém em uma sala: "Ei, olhe, eu estou aqui!"

Estender a mão aberta sobre a mesa de reunião agrega proximidade pelo direcionamento dos comentários diretamente aos colegas. O gesto oferece um convite não escrito ao vínculo. O acréscimo de personalidade e movimento às palavras faladas faz com que elas pareçam mais pessoais e dignas de atenção. Enquanto as palavras propriamente ditas dirigem-se aos centros de fala do lado esquerdo do cérebro (como a área de Wernicke), os gestos atraem as áreas emocionais do hemisfério direito do cérebro. Assim, expressar as emoções com gestos enquanto falamos atinge ambos os lados do cérebro do ouvinte ao mesmo tempo. Isso resulta em uma declaração bem mais forte e testemunha a firmeza da sua própria crença no que você mesmo tem a dizer. Os gestos das mãos não somente acentuam, mas apoiam as palavras de forma a validá-las.

Ademais, os movimentos das mãos reduzem a distância física que nos separa dos ouvintes. Os colegas sentem-se mais próximos quando você direciona as mãos para eles, literal e figurativamente. O cérebro de inspiração primata deles interpreta o seu direcionamento como uma intenção implícita de estender a mão e tocar. Sobre uma mesa de reuniões, uma palma estendida e aberta emite a mesma mensagem positiva que vemos e sentimos no movimento preparatório do aperto de mãos. O próprio movimento de estender as mãos envia uma poderosa mensagem de filiação.

No capítulo 4, nós decifraremos de forma abrangente o significado dos formatos e gestos das mãos no ambiente de trabalho. Mas, pelo caso de Barbara, nós já vemos o quanto as mãos podem ser críticas em uma reunião de negócios. Elas certamente são um fator importante em nossa linguagem não verbal no trabalho – mas estão longe de ser o único.

Mãos nos quadris

O local de trabalho do ex-guarda florestal Jeff Baile eram os campos do condado de Peoria, Illinois. Na qualidade de guarda da Polícia de Conservação de Illinois, Baile teve inúmeros encontros propositais com totais estranhos, com homens que se dedicavam ao negócio da caça ilegal. Com conhecimentos de linguagem corporal, Baile aproximava-se cautelosamente dos estranhos e usava a decifração para avaliar seus estados de ânimo e intenções antes de enfrentá-los. Para Jeff, um dos sinais mais confiáveis de linguagem corporal era o que eu chamo de *mãos nos quadris*, também conhecido como *mãos na cintura* (MORRIS, 1994: 4).

"Sempre fui fascinado pelo gesto de mãos na cintura", Jeff escreveu em um e-mail, "e sempre uso isso na patrulha. Descobri que, em contexto situacional, geralmente significa que a pessoa apresenta estado de ânimo negativo. Assim, quando um policial vê isso, é um alerta de que poderá haver problemas. E até eu mesmo já me flagrei fazendo isso quando estou irritado. Descobri que é algo bastante confiável para determinar o estado de ânimo, o que é importante para qualquer policial (BAILE, 2000b, correspondência pessoal).

As mãos nos quadris são um gesto universal em que as palmas posicionam-se nos quadris, com os cotovelos flexionados para fora e em ângulo agudo com o corpo. Assim como as palavras, as mãos nos quadris podem ter vários significados, porém o mais comum, como observa Jeff Baile, é que a pessoa apresenta humor defensivo ou negativo. Embora mais comum de pé, eu vi uma versão diferente do gesto das mãos na cintura em reuniões de equipe, com apenas um braço, em posição sentada, expressando a intensidade das emoções negativas e da resistência.

As mãos na cintura podem ser um sinal de estado de ânimo agressivo.

Um caso de mãos nos quadris em particular ficou gravado em minha memória. Aconteceu com um homem de meia idade, grande e corpulento, a quem chamarei de Dan. O braço direito flexionado de Dan prendeu-se em seu quadril direito enquanto ele estava sentado ouvindo Liz, uma jovem com metade do seu tamanho, de quem ele discordava veementemente. A parte superior do seu corpo, imponente, inclinava-se para a frente sobre a mesa de reuniões e formava um ângulo em direção a Liz, do outro lado, com os ombros apontando diretamente para ela. Os lábios de Dan contraíam-se e abriam-se enquanto ele olhava para o rosto de Liz, do outro lado da mesa. O cotovelo direito dele estava exposto, em clara exibição para quem quisesse ver. Como uma naja dilatando o pescoço, Dan parecia pronto para o ataque. Sua mão no quadril sinalizava claramente um estado de ânimo agressivo.

Como Jeff Baile escreve em seu artigo "'Bater em retirada' é sinônimo de problemas" para a *International Game Warden*, "É muito difícil saber como as pessoas podem se sentir quando nos aproximamos delas no campo. Será uma inspeção normal, sem problemas – ou um confronto? Porém, existe um gesto [de mãos nos quadris] que ajuda a responder essa pergunta. É produzido inconscientemente quando as pessoas estão irritadas com alguma coisa e pode ser visto a metros de distância se você estiver atento" (BAILE, 2000a: 8). A apenas alguns centímetros de distância, já que todos os olhos estavam voltados para Dan, a sua colega Liz e todos ao redor da mesa de reuniões deviam estar cientes do temperamento polêmico daquele homem. A mão no quadril de Dan registrava a sua postura negativa claramente a todos.

O meu colega de estudos não verbais, Joe Navarro, que já foi agente especial do FBI, enviou um e-mail concordando com a interpretação de Baile sobre as mãos nos quadris, tão vívidas no exemplo de Liz e Dan: "Em minhas experiências, são um gesto de marcação de território geralmente presente quando algo está errado. Muitas crianças já voltaram para casa e encontraram a mãe esperando na porta com as mãos na cintura. Nada mais precisa ser dito: a criança está em maus lençóis" (NAVARRO, 2001, correspondência pessoal).

No campo, nas reuniões ou em casa, as mãos nos quadris são uma indicação de chateação, desacordo ou raiva. Os estudos mostram que exibimos mais as mãos na cintura àqueles de quem não gostamos. De acordo com o biólogo Desmond Morris, as mãos nos quadris são um gesto universal que costuma significar: "Fique longe de mim. É um ato inconsciente que surge quando nos sentimos antissociais em um cenário social. É observado quando os esportistas acabam de perder um ponto, jogo ou competição vital" (MORRIS, 1994: 4).

Embora costume ser um sinal negativo, no ambiente de trabalho as mãos nos quadris também podem ter conotações positivas. Quando o gerente explica um novo projeto de trabalho ao funcionário, por exemplo, a postura de mãos na cintura deste pode demonstrar que o seu corpo preparou-se para tomar as providências, participar ou assumir o evento, a atividade ou a tarefa. Nesse contexto, as mãos nos quadris revelam que o corpo do funcionário já está preparado para ir em frente e executar a tarefa do superior. Nesse contexto, o sinal das mãos na cintura sugere uma atitude positiva e disposta, semelhante a arregaçar as mangas e cumprir o trabalho.

Um caso de lábios contraídos

Até agora, vimos algumas coisas que as nossas mãos podem dizer – ou deixar de dizer – no ambiente de trabalho. As mãos de fato são as nossas "grandes comunicadoras" e nós analisaremos os seus gestos e significados emocionais com mais detalhes no capítulo 4. Mas, como veremos, uma outra área anatômica primordial para decifrar a linguagem corporal no ambiente de trabalho é o rosto. O rosto humano é uma fonte de sinais.

O rosto humano é cheio de pistas.

Um dos sinais mais reveladores a buscar na decifração do rosto do seu chefe em uma reunião são os *lábios contraídos* (você saberá muito mais sobre os sinais dos lábios no capítulo 2). Assim como falou Dave, informante deste livro, "eu sempre sei o que o meu chefe pensa sobre as minhas ideias em nossas reuniões às segundas-feiras por causa de algo engraçado que ele faz com os lábios. Ele começa a fazer pequenos movimentos com os lábios, como se estivesse sugando um canudo". Dave acrescentou: "Quando começa assim, eu sei que ele terá algum problema com a minha ideia. Então, quando percebo isso, recuo e reformulo o que estou dizendo para que ele mude de aparência antes que eu continue. Quando ele não faz esse negócio com os lábios, eu sei que estou indo bem".

O "negócio com os lábios" que Dave observa é uma manifestação aguda de movimentos de contração labial no rosto de seu chefe. Na contração, vemos os lábios revirarem (voltarem-se para fora), enrugarem-se e girarem rapidamente expressando desacordo, maquinação ou pensamento calculado. A principal mensagem da contração de lábios é uma discordância ponderada que diz: "Discordo". Os lábios firmemente espremidos do sinal de contração, que alguns comparam a um focinho de porco, mostram que o ouvinte ultrapassou o limiar de incerteza usual e adentrou em um estado de espírito bastante negativo e discordante.

Como sinal de estado de ânimo, a contração de lábios que Dave observa reflete uma resposta verbal alternativa tomando forma no cérebro do seu chefe. O formato acontece no centro principal da fala conhecido como área de Broca, um pedaço do neocórtex, do tamanho de um dedo, envolvido na produção das palavras faladas. No ato da contração labial, o músculo orbicular contrai-se. Esse músculo é um esfíncter consistindo em (1) músculos *marginais* localizados sob a margem visível dos lábios propriamente ditos; e (2) músculos *periféricos* localizados ao redor da periferia labial, das narinas até o queixo. Os músculos marginais dos lábios (*pars marginalis*) são desenvolvidos apenas nos seres humanos, especificamente para a fala.

No caso do chefe de Dave, os lábios contraídos sinalizam resistência ao que ele considera ideias desinteressantes sugeridas nas reuniões da equipe. A contração significa que uma ideia ou objeção alternativa formou-se na área de Broca do cérebro do chefe. No cérebro do nosso parente vivo mais próximo do reino animal, o chimpanzé, uma área motora análoga à de Broca controla os movimentos arredondados e de contração labial que os chimpanzés usam para fazer caretas e chamadas emotivas (LIEBERMAN, 1991). O guincho de excitação mencionado anteriormente em relação aos chimpanzés de Jane Goodall é um exemplo. Os movimentos arredondados e de contração labial do chefe não são tão visíveis ou emotivos como guinchos, mas ainda assim indicam uma mudança perceptível de estado de ânimo. É possível ver palavras irascíveis formando-se antes de saírem dos lábios.

Decifração após a reunião

> *Quando Roberts ficava irritado, seus lábios tornavam-se pequenos e apertados, como fendas em um rosto irado.*
> Descrição do sócio da KKR, George Roberts, no dia em que a RJR Nabisco ruiu
> (BURROUGH & HELYAR, 1990: 481).

No ambiente de trabalho, reuniões presenciais da diretoria, reuniões de clientes e reuniões da equipe são todas campos férteis para a decifração da linguagem corporal. Mas e se você for um intruso não convidado para a reunião? Ainda assim será possível monitorar a linguagem corporal de um ponto estratégico privilegiado – por exemplo, entre a sala de reuniões e o banheiro mais próximo. A cafeína é um diurético suave, então o café da sala de reuniões é a garantia de que os membros da diretoria sairão. Quando saem para os corredores, os lábios apertados, os punhos cerrados e os ombros curvados exibidos lá dentro tornam-se visíveis do lado de fora. Como os músculos sensíveis às emoções no rosto, nos ombros e nas mãos revelam os sentimentos vagarosamente, as expressões de medo, incerteza e raiva persistem, mesmo fora da sala de reuniões. Como se obedecessem à Primeira Lei de Newton, as emoções acionadas tendem a prolongar-se.

Em 1989, durante uma das maiores compras corporativas da história dos Estados Unidos, a vigilância no banheiro foi consideravelmente lucrativa para a KKR (Kohlberg Kravis Roberts & Co.) na compra da RJR Nabisco. Para monitorar a reunião da diretoria da RJR, que acontecia a portas fechadas, a KKR maliciosamente escolheu um escritório próximo vazio, localizado a cerca de seis metros da sala de reunião, para aguardar a decisão sobre a sua oferta de compra de $25 bilhões.

À medida que o café enchia as bexigas corporativas, os membros da diretoria da RJR passavam pelos sócios da KKR que haviam sido incumbidos da "patrulha urinária" (BURROUGH & HELYAR, 1990: 488). Os sócios da KKR passavam pelo banheiro para observar os sinais reveladores – suspiros de exaustão, sorrisos tensos, contrações perceptíveis dos ombros, piscadelas e acenos de cabeça – para saber a posição da RJR na negociação. "Ir ao banheiro", relatou um membro da diretoria, "era como estar de frente para uma fila de cumprimentos de uma cerimônia" (BURROUGH & HELYAR, 1990: 492).

O maior rival da KKR no jogo de aquisição da RJR Nabisco era o próprio presidente desta, F. Ross Johnson. Ao contrário de Henry Kravis, principal agente da KKR, Ross Johnson optou por aguardar a decisão da RJR à distância, em um escritório que não participava da ação, três andares abaixo da sala de reuniões. Estando tão distantes, Johnson e seus colegas deixaram de observar a linguagem corporal e as conversas emotivas no andar de cima. Se Ross Johnson tivesse visto os rostos ansiosos, os olhares sagazes, os sorrisos conspiradores e as explosões de raiva demonstradas no corredor do andar de cima, ele poderia ter percebido que a sua diretoria estava seriamente dividida entre os dois rivais da negociação. O comportamento visível fora da sala de reuniões revelou o que foi conhecido mais tarde: um empate virtual entre os sócios a favor de Johnson e os sócios a favor da KKR. O voto da diretoria, em outras palavras, poderia ter favorecido qualquer um dos lados.

Sentindo, graças à linguagem corporal da diretoria, que existia um empate, a KKR insistiu mais. Sem ver nem sentir o empate, Ross Johnson manteve-se inflexível. Se ele houvesse lido a linguagem corporal disponível e comparecido à reunião da diretoria para defender o seu caso, ele poderia ter vencido. Porém, mantendo-se em posição de isenção de interesses no andar de baixo, enquanto a KKR observava no andar de cima, Johnson perdeu a guerra da negociação. Na última hora, um membro da diretoria oficialmente propôs a concessão da RJR Nabisco à KKR, e a proposta foi aceita. "A favor?", perguntou o presidente da diretoria. Como descreveram Bryan Burrough e John Helyas em *Barbarian at the Gate*, "Todas as mãos levantaram. 'Contra?' Nenhuma mão" (BURROUGH & HELYAR, 1990: 499).

Da minha própria perspectiva de antropólogo que estuda a comunicação não verbal, eu apostaria nos jogadores que se detêm para ler gestos, sinais e pistas de linguagem corporal. Como observa sabiamente Phil Hellmuth Jr., ganhador de 11 braceletes da *World Series of Poker*, podemos aprender a ler a linguagem corporal ou nos tornar um livro aberto que os outros leem.

Neste livro, você aprenderá a ler a linguagem corporal de companheiros de trabalho, colegas, membros da diretoria e chefes. Contrações das palmas das mãos, lábios tensos e olhares oblíquos aparentemente insignificantes podem revelar opiniões e estados de ânimo não revelados em memorandos ou e-mails. Você também aprenderá a decifrar sinais não verbais do cenário do trabalho propriamente dito, desde obras de arte caras nas paredes corporativas até a bem-humorada carinha do *Smiley* na divisória de uma sala. Cada um tem informações reveladoras a contar. Lembre-se do principal objetivo da observação: acúmulo de inteligência. Você deseja saber o máximo possível sobre o seu chefe, as pessoas com quem trabalha e o misterioso *habitat* conhecido como "empresa".

No próximo capítulo você aprenderá a decodificar os rostos que vê todos os dias no trabalho. Sendo a marca registrada visual de todo ser humano, o rosto define a identidade corporativa, expressa opiniões e estados de ânimo não ditos, e demonstra como nos relacionamos com os outros no trabalho. Você não pode dizer a um colega com muitas palavras o que exatamente você sente – mas uma covinha perceptível no queixo diz tudo.

2
O valor do rosto

Pare de fazer essa cara!
Mamãe (O seu primeiro e mais
querido chefe).

O rosto é a marca registrada visual de todo ser humano e a parte do corpo mais fotografada de nossa espécie. Durante 99,99% de nossa existência de *Homo*, observamos outros rostos, mas raramente vimos o nosso próprio rosto, exceto por nosso reflexo em lagos e piscinas. A captura do rosto em fotografias ou espelhos foi comparada à captura da alma. O fato de muitas sociedades considerarem que o rosto reflete a alma evidencia o poder não verbal das suas referências.

Em nenhum outro lugar o poder facial de um executivo é mais graficamente representado do que no *Wall Street Journal*. Em suas páginas, fotografias pontilhadas chamadas de *Hedcuts* destilam a essência dos rostos empresariais em esboços cheios de pontinhos da cabeça e dos ombros com a finalidade de exibir cabelo, olhos e características faciais com pontos encrespados e linhas transversais.

Introduzidos no jornal pelo artista Kevin Sprouls em 1979, os *Hedcuts* desenhados com bico de pena geralmente mostram rostos sérios em repouso, com animação mínima. No *Hedcut* de 22 de março de 2007 do Presidente da Borders, George Jones, por exemplo, Jones olha para nós com olhos calmos, num rosto aparentemente desligado. O seu curto cabelo empresarial, terno alinhado e gravata parecem não importar diante do seu olhar tranquilo. Em 29 de outubro de 2008, no *Hedcut* de Donald Trump, o seu cabelo ameaça desabar sobre a testa séria, como uma onda de Banzai Pipeline. O cabelo volumoso é tudo o que parece importar.

Os *Hedcuts* acentuam os pontos faciais fortes e fracos. Revelam o mais nítido dos contrastes, por exemplo, entre o "rosto poderoso" de Donald Trump e a aparência infantil do ex-chefe da Microsoft, William H. Gates III. Ao passo que o rosto de Trump é basicamente retangular, largo entre as maças do rosto e amplo na mandíbula, o rosto oval de Gates é estreito, com a mandíbula delgada que exibe certa desarmonia entre a estrutura esquelética e os tecidos musculares. A parte inferior do rosto de Bill Gates é mais esferoide do que quadrada.

Trump tem um rosto empresarial mais dominador, e Gates, um rosto mais submisso. Como são os rostos dominadores? De acordo com Allan Mazur, sociólogo da Universidade de Syracuse: "Os rostos identificados como dominadores tendem a ser bonitos – musculosos, com queixo proeminente, não frágil, e a parte inferior da testa bem marcada, com olhos profundos. Os rostos submissos geralmente são redondos ou estreitos" (MAZUR & KEATING, 1984: 134). O Dr. Mazur descobriu que a dominação facial corresponde às patentes mais altas das forças armadas dos Estados Unidos. Nos fuzileiros navais, o rosto de um Donald Trump supera o rosto mais frágil de um Bill Gates.

A aparência do seu rosto nos negócios ou nos combates sem dúvida é importante, mas a forma pela qual você anima as suas características é ainda mais importante. A animação facial – a mobilidade do seu queixo, lábios, língua, bochechas, pálpebras e sobrancelhas – é o foco deste capítulo. Bill Gates sorri brincalhão e Donald espicha o beiço de forma combativa. Com que rosto você preferiria negociar? Que mensagens involuntárias transmitimos com *lábios contraídos, lábios espichados* e *compressões labiais*? Como você decifraria o olhar crônico de espanto, desconforto ou descrença do chefe? Quando morder o lábio – e não sorrir – pode resolver uma discussão? Responderemos essas e outras perguntas à medida que circunavegarmos a planície facial, aprendendo a ler – e fazer – rostos para obter sucesso e proveito no ambiente de trabalho.

O sorriso
As carinhas sorridentes do Smiley

Um enfeite bem-humorado presente em várias empresas hoje é a carinha amarela do *Smiley*. Ela irradia pura alegria em pôsteres, adesivos, portas, quadros de avisos e bolinhas de borracha. Como os sorrisos são contagiantes, ver o *Smiley* pode nos animar. O *Smiley* parece dizer: "É assim que a nossa empresa deve ser o dia todo!" A realidade, é claro, é que a maioria dos colegas está ocupada demais para ficar feliz, enquanto alguns, a julgar pelos rostos voltados para baixo, sentem-se irritados, tristes ou deprimidos. Pude observar que há mais enfeites de *Smiley* em salas pequenas do que em grandes escritórios com vistas.

A carinha *Smiley* foi criada pelo ilustrador Harvey Ball na década de 1960 (HONAN, 2001). Desde então, tornou-se um símbolo gráfico universal de felicidade. A sua cor amarela associa-se ao brilho animador do sol. O rosto redondo, o par de olhos e o sorriso curvilíneo são instantaneamente reconhecíveis em qualquer cultura, de Nova Guiné a Nova York. Ball criou a carinha feliz para melhorar a "campanha da amizade" da sua empresa de seguro de vida em Worcester, Massachusetts, que pretendia animar os funcionários. Consta que Ball levou apenas 10 minutos para finalizar o desenho. (O primeiro esboço não continha olhos, então Ball os adicionou para que os funcionários insatisfeitos não caíssem na tentação de virar o sorriso de cabeça para baixo, transformando-o numa cara feia.)

De acordo com Charlie Ball, Harvey "entendeu o poder [da carinha sorridente] e tinha enorme orgulho dela [embora outros, não Ball, tenham lucrado com o desenho]. Ele partiu deste mundo sem nada a dever, feliz por ter deixado esse legado" (WOO, 2001: A6).

Um segundo ícone de rosto sorridente das empresas foi criado em 19 de setembro de 1982 na Universidade Carnegie Mellon, em Pittsburgh, Pensilvânia. O seu inventor, Scott E. Fahlman, postou a seguinte nota em ASCII no quadro de avisos de informática da faculdade: "Proponho que a seguinte sequência de caracteres seja usada para os sinais de brincadeira: :-)". A semântica do sinal de brincadeira de Fahlman evoluiu para versões mais simpáticas do sorriso atual, como ☺. Podemos acrescentar um pouco de alegria ao mais árido dos e-mails, adicionando :-) após "Obrigado".

O sinal de brincadeira de Scott Fahlman era um "emoticon" (*emote* = "emoção", *icon* = "figura"). Como as palavras de um e-mail não são suavizadas por amistosas contrações dos ombros, piscadelas ou sorrisos, podem parecer bruscas ou insistentes. Agora dispomos de centenas de imagens informatizadas para incluir sentimentos positivos e aumentar o entrosamento. Muitos *emoticons* são versões modificadas do símbolo original de Fahlman, como ;) para "piscadela", XD para "rindo muito" e :] para "sorriso forçado". O fato de nosso sistema de escrita, que evoluiu da antiga escrita pictórica, novamente usar pictogramas evidencia o poder das emoções, até mesmo em mensagens e textos digitais.

O sorriso da paquera

Um sorriso pode ter muitos significados no trabalho. Para alguém que se sente atraído por você, a mensagem provocante do seu próprio sorriso pode dizer: "Eu também me sinto atraída por você". Em países como Itália, México e Nigéria, uma mulher que sorri a um homem é vista como oferecendo um convite aberto à aproximação. Em viagens de trabalho internacionais, as executivas americanas devem ter cuidado com os efeitos involuntários dos sorrisos gratuitos.

No fim da década de 1990, um sorriso híbrido conhecido como o "sorriso obrigatório do supermercado" originou-se nos Estados Unidos. A Safeway Inc., a segunda maior cadeia de supermercados do país, instruiu seus funcionários a sorrir e cumprimentar os clientes com contato ocular direto. Em 1998, um artigo do *USA Today* – "Os sorrisos obrigatórios da Safeway representam perigo, dizem os funcionários" – afirmou que doze funcionárias haviam se queixado da política de sorrisos e contato ocular depois que vários clientes as convidaram para sair.

Logo depois, a Safeway extinguiu a sua iniciativa de política de sorrisos obrigatórios. No ambiente de trabalho, as mulheres devem sempre estar conscientes de que um sorriso inocente e amistoso pode desencadear atenções indesejadas de colegas que se sintam atraídos. Se você acrescentar uma tímida inclinação de cabeça ou alçar os ombros submissamente, a atração será ainda mais forte.

O sorriso é a sua roupa

Tomei esse título emprestado da artista japonesa Momoyo Torimitsu, que usou as palavras em sua exposição de arte – "Sorria :-), faça do sorriso a sua roupa" – apresentada no Simpósio Internacional de Artes Eletrônicas (Isea) de 2008, em Cingapura. Torimitsu havia montado uma galeria de fotos de sorrisos de moradores de Cingapura e exibiu-os para mostrar a variedade de mensagens que os sorrisos transmitem em diversas profissões, de executivos a dançarinos exóticos. "O sorriso [ela diz] provavelmente é a expressão mais poderosa que temos em nosso repertório de gestos faciais." Após anos observando a linguagem corporal, concordo plenamente.

Momoyo Torimitsu tornou-se uma artista famosa em 1996, na cidade de Nova York, ao exibir um boneco robótico de tamanho natural nas calçadas da Broadway. O boneco – parte da sua exposição, denominada "Miyata-san em ação" – foi criado de forma a parecer um executivo japonês engravatado ou "colarinho-branco". Trajando uniforme branco de enfermeira, Torimitsu caminhava ao lado do boneco e ajudava Miyata-san enquanto ele rastejava pelas calçadas, apoiado sobre os cotovelos e os joelhos, em estilo militar, avançando com poder de fogo corporativo imaginário para fazer negócios e ser bem-sucedido a qualquer preço. Em vez de sorrir, Miyata, usando óculos, exibia lábios seriamente tensionados e um rosto rígido e determinado, perfeito para o combate.

Após montar a sua galeria de sorrisos cingapurianos, Torimitsu concluiu que as diferentes profissões têm suas próprias marcas registradas de rostos sorridentes, que ela compara a roupas ou uniformes corporativos. A sua exposição artística de 2008 tentou explorar, segundo ela, "as mensagens sutis de obediência, atração, persuasão e poder que o sorriso transmite, e como a nossa sociedade as interpreta".

Descendente do "sorriso temeroso" primata, o sorriso humano é um gesto universal feito por toda a vida, da infância até a velhice. O "sorriso educado" – mostrando somente a arcada dentária superior – desempenha uma importante função de apoio na entrevista de emprego. Em micos e macacos, o sorriso temeroso sinaliza uma sensação de deferência ou timidez para transmitir a ausência de agressividade. Nos humanos, o sorriso deferente que mostramos ao chefe é um sorriso de medo funcional. Nós nos sentimos um pouco assustados e isso transparece. Porém, o nosso sorriso superou o sorriso temeroso, acrescentando muitas conotações sutis e emotivas.

O sorriso no rosto da sua recepcionista enquanto conversa ao telefone com o novo namorado não é uma expressão de deferência, mas de alegria. Como Momoyo Torimitsu ressalta em sua exposição, o sorriso pode ser de júbilo, educação e até sadismo. Lembre-se do sorriso que Oddjob deu a James Bond em *007 contra Goldfinger* (1964), quando o motorista sádico esmigalhou uma bola de golfe na palma da mão para ameaçar 007 com uma demonstração de força. Se o seu chefe der um sorriso como o de Oddjob ao transferir você para o escritório de Barstow, pode ser o momento de atualizar o seu currículo.

Nas fotos tiradas no Isea 2008 em Cingapura, Torimitsu demonstra o que os psicólogos chamam de "sorriso verdadeiro". Não apenas os seus lábios curvam-se para cima de forma a criar um sorriso, mas também os cantos externos dos olhos enrugam-se a ponto de fechar as pálpebras. Se ela tivesse dado um "sorriso para a câmera" intencional, somente veríamos o sorriso. Não haveria envolvimento dos músculos ao redor dos olhos. Quando solicitado, o sorriso para a câmera, mais calculado e menos emotivo, pode ser desdenhoso. Dado por vendedores, é sinal de que eles desejam vender mais do que o necessário.

Ver o sorriso no rosto de um colega é uma das recompensas de trabalhar pessoalmente na empresa. O sentimento alegre transmitido é contagiante. Quando uma colega lhe sorri no elevador, você percebe que a felicidade dela é real. Os seus olhos veem o rosto sorridente e os seus nervos ópticos enviam a sua mensagem animadora para a região do lobo occipital, localizado na parte posterior do seu cérebro. Os neurônios-espelho dessa região e dos centros emotivos do cérebro disparam para fazer você sentir a emoção feliz irradiada do rosto da sua colega. O seu cérebro espelha o cérebro da sua colega, você devolve a mensagem da mesma forma e exibe-a para todos. Independentemente de o sinal provir do rosto de um colega ou de uma carinha *Smiley* afixada na porta, a resposta geralmente é a mesma: um sentimento ameno ou moderado de alegria.

As suas emoções
Não deixe que vejam você chorando

Assim como a bolsa de valores, os sentimentos são voláteis e sujeitos a mudanças repentinas. No trabalho, as emoções podem mudar num piscar de olhos. Você está bem, mas, após um e-mail antipático ou um telefonema frustrante, você fica mal. O primeiro sinal de que o choro está prestes a irromper é um tremor do queixo. O *mentalis* (pequeno músculo que se contrai de forma a causar o tremor do queixo) foi considerado por vários estudos com EMG (eletromiografia) um dos músculos mais emotivos do corpo humano. Assim, quando começamos a chorar, é quase impossível, a não ser que a barba esteja grande, esconder o tremor e a pele enrugada.

O segundo sinal do choro, também difícil de controlar, é o fluxo visível de umidade – lágrimas – das glândulas lacrimais. Esses órgãos similares a músculos, que se contraem para expelir as lágrimas, também estão sob controle emocional. Quando eles se contraem, é difícil interromper o fluxo. Como as glândulas lacrimais femininas produzem mais umidade do que as masculinas, a expressão chorosa da mulher é mais difícil de disfarçar e mais fácil de ser percebida por todos ao redor da mesa.

O terceiro sinal do choro é o acentuado franzimento de todos os músculos faciais quando o rosto se contrai num forte soluço. O choro acompanhado do rosto franzido – tudo muito visível – revela alguém que está emocionalmente esgotado e fora de controle. Mostrar aos colegas que estamos fora de controle é o principal problema do choro no trabalho.

Em janeiro de 2008, a senadora estadunidense Hillary Clinton mostrou os dois primeiros sinais de choro em sua campanha em Portsmouth, New Hampshire, ao cargo de Presidente dos Estados Unidos. A cena foi televisionada e comentada pelos especialistas em política de todo o país. Em uma entrevista minha com Helena Andrews, do Politico.com, que perguntou se a senadora estava fingindo chorar, observei que a expressão facial magoada e o nó na garganta pareciam genuínos. "Realmente duvido que ela possa ter arquitetado ou planejado isso", eu disse (ANDREWS, 2008).

O rosto choroso de Hillary Clinton recebeu críticas variadas do público. Muitos a elogiaram por haver compartilhado um momento emotivo em sua campanha política. Outros a acusaram de "lágrimas de crocodilo", de forjar o choro para lamentar o tratamento injusto dispensado pelos rivais (homens) na campanha primária. A maioria das pessoas com quem conversei achou que o pranto de Hillary, embora espontâneo, foi uma demonstração infeliz de fraqueza.

"Chorar no trabalho não é algo que as mulheres desejem fazer, especialmente na presença dos homens, que costumam considerar as lágrimas um sinal de fraqueza e uma confirmação dos estereótipos de que a mulher é 'emotiva demais'", escreve Lorna Collier no seu artigo do *Chicago Tribune*, "Quando um bom choro não funciona" (COLLIER, 2004). Lorna cita o caso de Alexandra Levit, uma jovem que chorou duas vezes na frente do chefe, em uma empresa de relações públicas de alta pressão na cidade de Nova York. Os episódios chorosos de Alexandra lhe custaram uma promoção, o que a levou a sair da firma (COLLIER, 2004). "Eu não aguento quando elas choram", declarou um executivo de uma empresa presente na lista Fortune 500 sobre mulheres que choram publicamente no trabalho. "Quero sacudi-las ou abraçá-las, mas isso não é possível" (BING, 2004).

Quando você sentir que o choro se aproxima, substitua-o pela raiva. Adote uma postura combativa para contra-atacar a capitulação do choro. Visualize-se dando um soco no estômago ou nariz do chefe. No trabalho, a raiva é uma emoção mais produtiva do que a derrota.

Contatos emotivos

Em 24 de novembro de 2008, o seguinte anúncio foi postado no *website* de classificados da Craigslist:

> Oi!
>
> Se você morar a 20 minutos de Westport e for uma pessoa alegre que gosta de estar ocupada, escreva-nos. Expediente: segunda a sexta-feira, das 9 às 15 horas, em empresa extremamente movimentada. É necessário ter ótimos conhecimentos de informática e telefone (ANÔNIMO, 2008c).

Já vimos que sorrisos e sentimentos de felicidade no trabalho são contagiantes. O grau de contágio foi revelado numa famosa pesquisa com 4.739 pessoas, cuja felicidade foi rastreada durante 20 anos, de 1983 a 2003 (FOWLER & CHRISTAKIS, 2008). O estudo determinou que a felicidade de alguém pode afetar positivamente outra pessoa por até um ano (STEIN, B., 2008: A12). Os pesquisadores descobriram que a felicidade não provém de aumentos, promoções ou acertar a loteria, mas simplesmente de estar perto de outros que estejam felizes.

Assim como nos contaminamos com a gripe de um colega, também podemos "nos contaminar com felicidade". Ademais, também podemos infectar os colegas, que, por sua vez, infectam seus cônjuges, que então infectam seus amigos com o vírus da felicidade. O estudo longitudinal de redes sociais feito por Nicholas Christakis, da Universidade de Harvard, e James Fowler, da Universidade da Califórnia, em San Diego, usou dados do lendário Estudo de Framingham. Como disse o Dr. Fowler em uma entrevista, "O [nosso] trabalho demonstra que a felicidade do amigo de um amigo tem mais influência do que um aumento de $5.000" (STEIN, B., 2008: A12).

Para as pessoas felizes, a emoção alegre é obtida e reforçada pelo contato com outras pessoas felizes em redes sociais sobrepostas. Os membros da rede que você pode nem sequer conhecer – amigos dos amigos do seu colega, por exemplo – também exercem influência. No trabalho, sugere o estudo, a felicidade pode se propagar em até três níveis de separação.

A felicidade é um sentimento visceral de contentamento, bem-estar ou alegria despertado pela estimulação dos centros de prazer do cérebro. Não verbalmente, a felicidade pode transparecer em sorrisos, gargalhadas e movimentos de reconhecimento das sobrancelhas. O movimento das sobrancelhas é um sinal humano universal dado, por exemplo, quando uma recepcionista nos cumprimenta levantando rapidamente ambas as sobrancelhas. A felicidade, demonstrada com mais clareza na face inferior e na área dos olhos, torna-se visível pela primeira vez nos bebês de cinco a sete meses de idade.

No trabalho, a felicidade pode transparecer no primeiro dia. Ao menos essa é a intenção do anúncio anterior. A empresa pode não ter lido a pesquisa mais recente, mas alguém foi suficientemente sábio ao desejar preencher o espaço da rede social com um funcionário feliz. O retorno do investimento em tal decisão provavelmente seria imediato e duraria por muitos anos.

Rosto contraído

As expressões faciais são contagiantes, especialmente para as crianças. Quando a criança vê a felicidade no rosto dos pais, ela também demonstra um rosto feliz. Ao contrário, quando vê tristeza, a criança sente-se triste. Quando a vida no trabalho torna-se estressante, as crianças sentem a emoção negativa dos pais e sentem-se estressadas também.

Quando Bailey Haag, de 3 anos de idade, de Tonawanda, Nova York, ouviu um tom assustador na voz da mãe enquanto esta falava com o pai de Bailey sobre a demissão dele, o rosto da menina emocionou-se. "A testa da menininha enrugou-se e o seu rosto foi ficando triste à medida que ouvia a mãe ao telefone reagindo à demissão do pai", escreveu a repórter Sue Shellenbarger no *Wall Street Journal* (SHELLENBARGER, 2008: D1). Claire Haag, a mãe de Bailey, disse que "não foi uma boa conversa" e percebeu o rosto contraído da filha.

Ao entender que o rosto contraído era um sinal de aflição, Claire logo teve uma ideia. Ela pediu que Bailey "abraçasse muito o papai quando ele chegasse em casa". Quando eventos de trabalho desagradáveis penetram no lar, como invariavelmente acontece, os pais precisam proteger seus filhos com cuidado extra. Ao proporcionar à filha um jeito de expressar emoções positivas, Claire agiu corretamente.

***

Neste capítulo, interpretamos o rosto como uma tabuleta de emoções, sentimentos e estados de ânimo. Como os sentimentos costumam ser deliberadamente ocultos no trabalho, buscamos as respostas no rosto, não nas palavras. Quanto mais soubermos sobre as referências do rosto e seus movimentos, mais seremos capazes de ler a mente dos colegas. No próximo capítulo, você aprenderá a ler o que os seus colegas dizem com a sua característica facial mais expressiva.

3
Olho no olho

Assim que entrei na sala, aquele homem olhou para mim, imediatamente desviou o olhar e não olhou mais para os meus olhos durante a entrevista.
Susan House em sua entrevista de emprego ("Estou gorda", Susan disse [BENNETT, 2001: D3]).

Chris, gerente da loja Giorgio Armani em Costa Mesa, Califórnia, tinha um problema. O seu jovem funcionário tinha o hábito de relutar em ir trabalhar, além de passar o dia inteiro conversando, não vendendo. Como isso acontecia na maior parte do tempo, Chris estava frustrada. Deveria ela ameaçá-lo com um memorando, embaraçá-lo na próxima reunião da equipe ou esperar que a sua avaliação de desempenho surtisse efeito? Para a sua sorte, Chris não fez nada disso. Ao contrário, ela decidiu falar com ele pessoalmente – cara a cara – e olhar em seus olhos.

"Um dia eu o chamei em particular e disse: 'Você pode ser alguém e isso poderia começar aqui mesmo, neste emprego. Você está deixando a vida passar'". Pela mágica do contato ocular, Chris conseguiu convencer o jovem de que as suas palavras eram verdadeiras. A conexão visual funcionou e, dentro de um mês, ele tornou-se o melhor vendedor da loja. Em vez de um aviso escrito, Chris convenceu com os olhos.

O contato ocular é uma conexão visual estabelecida quando uma pessoa olha nos olhos de outra. Um vínculo altamente emotivo é criado quando duas pessoas olham-se simultaneamente. Talvez por ser a retina um desdobramento do cérebro anterior, olhar alguém nos olhos não se distancia de ver a própria mente. Deve ser por isso que o sagrado *Olho de Hórus*, o *Udjat* onisciente do antigo Egito, tinha tantos significados complexos como símbolo de proteção, do sol e da lua.

Um dos principais símbolos da teologia hindu é o *Terceiro Olho*, que se localiza no meio da testa sagrada de Shiva, cultuado como o restaurador e destruidor dos mundos. No mundo empresarial, vimos como os olhos de Chris restauraram o comportamento e a produtividade do seu jovem funcionário. Assim como Shiva, entretanto, o olhar também pode destruir.

Em 24 de outubro de 2001, na sede de Houston, Texas, o novo presidente da Enron, Greg Whalley, entrou abruptamente na sala de reuniões. Na mesa oval, ele "fuzilou com os olhos" o diretor financeiro, Andrew Fastow, e disse: "A partir de agora, você não é mais o diretor financeiro" (EICHENWALD, 2005: 5). Perplexo, Andrew balançou a cabeça com descrença e já começava a responder, quando Greg apenas levantou a mão com a palma pronada (voltada para baixo) para calar o ex-diretor financeiro e desviou o rosto e os olhos desdenhosamente. Sem a menor sombra de dúvida não verbal, o assunto estava encerrado. Os olhos desviados pelo chefe haviam dito: "Você está despedido".

No mundo empresarial, como mostrou esse exemplo, o que os olhos dão, também podem tirar. Ao mostrar o envolvimento pessoal, o olhar pode tanto restaurar quanto destruir mundos. Este capítulo analisa os nossos olhos, que têm o tamanho de uma bola de golfe, e cujos movimentos, condição, pupilas e posições das pálpebras revelam muito sobre as emoções, convicções, saúde e estado de ânimo. Temos uma capacidade espantosa de olhar nos olhos dos colegas para avaliar seus verdadeiros sentimentos. O que é um *desvio* visual e o que ele quer dizer no trabalho? Em reuniões, como o contato ocular japonês difere do mexicano, russo ou chinês? Por quanto tempo devemos olhar para os colegas na sala de reuniões? Ao descobrir as respostas para essas perguntas, você aprenderá a enxergar o cérebro dos colegas pelas janelas dos olhos – e também aprenderá o que os seus próprios olhos podem estar revelando.

Contato ocular na Starbucks

O que Alex, Millard e Stephan têm em comum? Todos os três adoram café, frequentam a Starbucks e gostariam de mais contato ocular acompanhando o lanche. Referindo-se à movimentada Starbucks que frequenta no centro de Seattle, Alex reclamou: "Este é um daqueles lugares onde os funcionários adoram conversar e dar gargalhadas entre si enquanto os clientes esperam que eles olhem para poder fazer o pedido" (S. 2007).

Millard também lamentou: "Ultimamente alguns funcionários da Starbucks nem sequer percebem que estou presente ou olham para mim quando estou fazendo o pedido. Acho isso grosseiro e indelicado" (S. 2008). Para finalizar, comparando a Starbucks com as cafeterias que havia visitado na Itália, Stephan declarou: "Mesmo se você for um completo desconhecido, ao entrar no bar [italiano], o barista atrás do balcão olhará para você e logo perguntará que café você deseja" (RICHTER, 2008).

Nenhum dos três clientes reclamou do café da Starbucks, somente da forma como é servido – sem a centelha mágica do contato ocular. Como sugerem seus comentários, a ausência do olhar no local de trabalho pode prejudicar os negócios. Quando os funcionários não olham, presumimos que eles não estão se importando se procurarmos outro lugar. O café deixa um gosto melhor na boca quando os baristas são atenciosos e nos recebem com olhos acolhedores.

O contato ocular varia no mundo em duração e intensidade. Nos Estados Unidos, os ouvintes são encorajados a olhar diretamente nos olhos do falante. Ao fazer negócios nos países árabes, prepare-se para olhares ainda mais penetrantes – e mais longos. No Japão, porém, os ouvintes são instruídos a focar o pescoço do falante para evitar contato ocular direto. Em uma equipe empresarial internacional, um egípcio pode achar o olhar baixo do colega japonês desconcertante, enquanto no Japão o olhar direto de um árabe pode parecer muito intenso. (Para saber mais sobre a variação cultural nas mensagens dos olhos, leia o tópico "Quando estiver em Roma...", p. 35.)

Por serem primatas, os seres humanos observam muito o lugar para onde os outros estão olhando. De fato, os antropólogos pensam que a parte branca dos olhos desenvolveu-se para que as pupilas escuras e a íris colorida revelassem a direção do olhar com mais precisão. Conseguimos determinar com precisão quando alguém está olhando para nós do outro lado da sala. No namoro existe o vínculo mágico conhecido como "amor à primeira vista" e, do outro lado da moeda, há o olhar agressivo que leva a brigas. São apenas olhos, afinal de contas, mas, para os primatas humanos, o lugar para onde os olhos apontam é realmente importante.

Em consultórios médicos, os pacientes desviam regularmente os olhos das revistas para monitorar a pupila e a íris dos outros na sala de espera. Embora nós nos esforcemos conscientemente para controlar o movimento dos nossos olhos, eles têm "vontade própria" e olham para onde querem. Nas reuniões de equipe, nós nos sentimos impelidos a olhar para olhos, gestos das mãos e petiscos. O nosso cérebro primata inclui esses três itens na lista do que mais atrai os olhos. Notamos o café com leite de uma colega, por exemplo, que lembra comida, mas quase não notamos o seu telefone celular. Observamos aonde os olhos dela vão e como as suas mãos se movimentam, tão atentos quanto os gorilas do vale monitoram as mãos e os olhos dos companheiros na jaula do zoológico. Em ambos os *habitats*, é mais uma leitura de sinais e conotações não verbais do que uma reunião de mentes.

Desconectando-se com o "desvio"

"Tenho uma dúvida sobre contato ocular", Adena me perguntou no e-mail. Como sou consultor, geralmente funcionários me pedem para comentar a própria linguagem corporal e a dos colegas. "Arranjei um novo emprego e o meu primeiro dia (ontem) coincide com o de outro membro de nossa equipe técnica (uma mulher), que também começou ontem. Sempre que nós três estamos juntos, o meu chefe olha mais diretamente para ela do que para mim. Isso é sinal de desaprovação e de que ele não gosta de mim, preferindo a colega? Eu detesto começar um novo trabalho dessa forma negativa, mas eu realmente me sinto rejeitada quando ele age assim. Poderia me esclarecer se isso significa desaprovação ou talvez que ele se sinta mais à vontade com ela? Não tenho certeza" (ADENA, 2001a).

Na minha resposta, falei à Adena que ela de fato poderia ter sido vítima de tratamento preferencial no trabalho. Que isso estava visível em seu primeiro dia de trabalho e que era um aviso de que coisas não muito agradáveis estavam por vir. Pedi mais detalhes. Ela respondeu:

> Ele e eu conversamos em particular na sala dele, no meu primeiro dia de trabalho. Esse dia foi muito importante para mim. Eu estava ansiosa por começar bem. A minha colega e eu começamos no mesmo dia e ele conversou com ela primeiro. Ele passou bastante tempo com ela e depois, ao conversar comigo, estava muito estranho. Ficou olhando para baixo e desviando o olhar. Então, ficou juntando folhas de papel, além de levantar e andar até a mesa. Em seguida, apressou-se em terminar a nossa conversa e praticamente me expulsou do escritório não verbalmente. Acho que me sinto como a enteada repulsiva nessa relação chefe/empregada quando me comparo à minha colega. Foi depois dessa reunião, no dia seguinte, que ele se aproximou de nós duas e começou a conversar, mas olhou para ela o tempo todo. Que estranho! (ADENA, 2001b).

As pessoas me perguntam mais sobre contato ocular do que qualquer outro sinal não verbal. O caso de Adena claramente demonstra que ela está do lado errado do tratamento preferencial. Primeiro, o contato ocular do seu chefe evidentemente foi menor do que aquele dirigido à colega. Segundo, a negligência repetiu-se, mostrando um grau de consistência no padrão. Terceiro, o comportamento grosseiro dos olhos foi acompanhado da atitude também grosseira de mexer nos papéis, distanciar-se e usar de maneirismos apressados com a intenção de terminar a reunião. Adena não obteve atenção nem tempo igualitários do chefe, e isso ficou evidente.

Eu sei como Adena se sentiu. Nas minhas experiências de trabalho, tive um chefe que olhava para a minha boca e para a boca de todos enquanto falavam, sem nunca olhar em nossos olhos. Todos nós observamos a peculiar atração de John pela boca e comentamos o fato entre nós. O que isso poderia significar?

Na mente primata, a ausência do olhar geralmente traduz-se como desagrado. "Assim [diz o especialista em primatas Stuart Altmann], uma interpretação para quem evita o contato visual – o que foi descrito em macacos *Rhesus*, babuínos, macacos coroados e gorilas – é que se trata de uma forma de evitar interações" (ALTMANN, 1967: 332). No trabalho, como atesta o caso de Adena, o olhar esquivo do chefe sinaliza um estado de espírito esquivo. No caso do meu chefe, porém, o olhar de John direcionado para a boca era simplesmente esquisito, e não antipático. Ele evitava os olhos de todos da mesma forma, um padrão normal em Hong-Kong e Tóquio, mas raro nos Estados Unidos.

Uma forma especialmente reveladora de aversão pelo olhar no trabalho é o *desvio*. Imagine-se em uma reunião com uma colega para compartilhar ideias sobre o lançamento de um novo produto. No meio da sua explanação, você percebe que o rosto da ouvinte desviou-se completamente. Os olhos dela não estão mais fixos nos seus, e sim desviados num ângulo de noventa graus à sua esquerda. O desvio dela é um sinal claro de que ela não gosta ou discorda do seu plano. Como o rosto dela está virado para tão longe, há poucas chances de acordo. Antes de continuar, será necessário trazer o rosto e os olhos dela de volta, perguntando se ela tem algo a acrescentar à sua ideia. Você precisará esclarecer as objeções frente a frente antes que elas possam se agravar após a reunião.

Os olhos dela nos evitaram

Em seu artigo "Vamos melhorar o comportamento em nossos consultórios", o Dr. Arnold Melnick reclamou da comunicação precária que observou no consultório do seu médico. Quando o Dr. Melnick chegou para a consulta, a sala de espera estava vazia, assim como a recepção, na entrada do consultório. Outro paciente chegou e sentou-se perto do Dr. Melnick. Ambos tiveram de esperar por dez minutos até que a recepcionista finalmente voltasse e sentasse à mesa.

"Ela evitava olhar para nós o tempo todo [escreveu o Dr. Melnick], e estava ocupada, forçosamente assoberbada, cheia de papéis e telefonando – sem olhar para nós, os pacientes. Nem sequer um 'Boa-tarde'" (MELNICK, 2007: 14).

Quando ele se aproximou da mesa para se apresentar, a recepcionista anotou seu nome, disse que teria de pegar a sua ficha e voltou a mexer nos papéis. Ela o dispensou sem paciência antes mesmo da consulta.

O Dr. Melnick, que também é médico, sentiu-se impelido a escrever um artigo no boletim oficial da Associação de Osteopatia Americana – *The DO* – sobre a precária comunicação que presenciara no consultório. Ele concluiu que os funcionários dos consultórios sempre devem cumprimentar os pacientes com sinais – verbais e não verbais – que dizem: "Bem-vindos ao nosso consultório." Ainda que a pessoa esteja ao telefone, lembrou ele, é possível fazer contato ocular, sorrir e acenar com a cabeça. Uma mensagem simples, "Sim, eu vejo você", teria impedido que um Arnold Melnick mais feliz reclamasse.

Quando estiver em Roma...

Ao decifrar os olhos em uma mesa de reunião, preste atenção ao lugar onde a mesa está. Os nossos exemplos até agora referiram-se em grande parte a negócios nos Estados Unidos. Mas, ao observar os olhos na Itália, por exemplo, você perceberá diferenças no comportamento ocular e, na China, tais diferenças serão ainda maiores. Um americano a trabalho em Roma poderá sentir-se pouco à vontade quando um colega italiano do outro lado da mesa parecer olhá-lo insistentemente – ou até mesmo encará-lo. Como é norma para os italianos fazer mais contato ocular direto em reuniões de negócio do que os americanos, considere o olhar intenso recebido na Itália um sinal positivo de interesse, honestidade e entrosamento. Lá, olhares mais longos simplesmente são a norma. Ser encarado em Pequim, porém, poderia ser um sinal negativo de raiva, desafio ou hostilidade explícita. Definitivamente, você sentirá que não está mais em Roma.

"Quando os chineses ficam irritados [diz James Chan, Ph.D., autor de *18 Practical Tips on Working with Your Chinese Partners*] eles tendem a manter contato ocular firme. Senão, eles olham para outro lugar ou parecem indiferentes enquanto conversam". Embora você possa sentir-se ignorado ou excluído em uma reunião quando o seu colega asiático olhar para outro lugar, desviar os olhos para o lado ou olhar para as anotações enquanto falar, isso de fato não é um problema. Na verdade, o olhar esquivo não é um problema nos negócios chineses, é o usual.

"Para os chineses [Chan avisa] a ausência de contato ocular firme não indica falta de atenção ou respeito. Ao contrário, o contato ocular firme é considerado inadequado [...] E às vezes é visto como um gesto de desafio ou desacato" (CHAN, 2009). Nos Estados Unidos, somos ensinados a estabelecer contato ocular direto em cenários empresariais de forma a mostrar interesse, respeito e sinceridade. Não é o caso da China, onde o olhar direto pode ser considerado desrespeitoso, especialmente quando parte do subordinado para o chefe. O superior decodificará o contato visual como um sinal de desafio direto à sua autoridade. Assim, na China, é adequado e até mesmo esperado que, nas reuniões, você ouça e fale sem olhar diretamente nos olhos dos colegas.

Os americanos podem entender mal a falta de contato ocular como indício de desatenção ou desinteresse. Podem achar que as suas sugestões e ideias não estão sendo entendidas ou estão sendo desprezadas pelos colegas chineses. Mais uma vez, isso é usual – educação – e não um motivo para desconfiança. Retribua a cortesia, moderando e suavizando o seu próprio olhar. Quando estiver na China, faça com seus olhos o que os chineses fazem.

Se os rituais oculares chineses são complicados para os executivos americanos, os rituais oculares do Japão são ainda mais enigmáticos. "O executivo japonês [descreve Kazuo Nishiyama em seu livro *Doing Business with Japan*] costuma desviar os olhos durante uma negociação difícil porque acha que o contato ocular firme pode ser arrogante e grosseiro. Mas esse desvio pode ser interpretado pelo seu colega executivo americano como indicação de desonestidade ou desinteresse" (NISHIYAMA, 2000: 23).

Assim como na China, pequenas diferenças na direção do olhar numa reunião podem ocasionar mal-entendidos sérios. O problema é agravado pelo costume japonês de curvar-se. A educada reverência japonesa – inclinar-se para a frente até a cintura com as mãos e os braços caídos – inclui uma regra implícita de quebrar o contato ocular. A expectativa implícita é, ao conhecer e cumprimentar a pessoa, olhar para baixo na direção do chão. Para os americanos, ensinados a dar um passo à frente, fazer contato ocular e estender a mão, pode ser difícil receber e fazer a reverência, afinal de contas, o contato ocular e o aperto de mão são tão naturais para os americanos quanto sorvete e torta de maçã (Mais naturais para os japoneses são *kakigōri* [gelo ralado] e *uirō* [bolos de arroz].) Mas, como Jon Alston e Isao Takei contam em seu livro *Japanese Business Culture and Practices*, no Japão, "as apresentações e o aperto de mãos são acompanhados de olhos baixos, porque o contato ocular prolongado é considerado rude. Não se sinta insultado com a falta de contato ocular dos outros. Eles apenas estão demonstrando respeito ao evitar muito contato ocular" (ALSTON & TAKEI, 2005: 39).

As diferenças de olhar podem ser traiçoeiras. No Japão, um olhar direto e firme costuma ser considerado, ao mesmo tempo, agressivo, beligerante, grosseiro e insistente (NISHIYAMA, 2000: 23). Em uma mesa de reuniões em Istambul, porém, o oposto é verdade. O contato ocular firme ao ouvir os colegas turcos é considerado sinal de sinceridade. Para um executivo americano na Turquia, se o contato ocular recebido numa reunião parecer forte demais, a proximidade mais estreita do contato ocular após a reunião pode parecer ainda mais intensa. Nas conversas de pé após a reunião formal, com todos sentados, os turcos aproximam-se mais do que os americanos estão acostumados. Os usuais 45-60cm entre os rostos para conversas informais nos Estados Unidos podem cair para ínfimos 30cm na Turquia. Todavia, embora a proximidade possa ser estreita demais, os americanos não devem desviar os olhos nem afastar-se, pois isso pareceria antipático ou grosseiro.

No mundo selvagem, entre os nossos primos mais próximos do reino animal, os chimpanzés, a cientista Jane Goodall descobriu que os adultos não se olham de forma prolongada ou firme. No mundo executivo humano, porém, o contato ocular varia de cultura para cultura. Os americanos na Itália devem manter contato ocular firme enquanto falam para transmitir sinceridade e honestidade. Na Rússia, contato ocular direto e aperto de mão firme sugerem força. Na França, contato ocular moderado é recomendado para um melhor entrosamento. Com os seus colegas mexicanos, o contato ocular pouco frequente é a regra. Olhares prolongados e diretos em reuniões no México podem sinalizar desrespeito, desafio ou pressão. À medida que os negócios tornam-se mais globalizados, as diferenças sutis na forma como fazemos e recebemos o contato ocular em uma mesa de reuniões são mais importantes do que nunca.

De globo ocular a globo ocular

No começo deste capítulo, vimos que uma ligação altamente emocional é estabelecida quando duas pessoas se olham. Olhar nos olhos de alguém é como ver a própria alma. Os olhos são tão emotivos que você, sem dúvida, sentirá algum desconforto ao decodificar as mensagens dos olhos no trabalho. Assim, em breve sugerirei um método específico para ler os olhos (leia a seguir "Como ler os olhos na mesa de reuniões").

As crianças interessam-se pelos olhos a partir da segunda semana de vida. Elas reagem e demonstram grande interesse em pontos arredondados e emparelhados projetados lado a lado numa tela. Porém, não se interessam quando os pontos são projetados em alinhamento vertical, com um ponto escuro localizado acima ou abaixo de outro. Os pontos posicionados na vertical não ficam registrados no cérebro do bebê como olhos, somente como pontos. Esse fascínio natural pelos olhos humanos configurados horizontalmente permanece conosco por toda a vida. No ambiente de trabalho, as ações dos olhos são interpretadas no palco definido pela mesa de reuniões. Sobre a mesa, com a parte inferior do corpo isolada embaixo, somos programados a concentrar a atenção quase inteiramente nos olhos, rostos, ombros e mãos. À medida que o teatro na mesa de reunião se descortina, os olhos são os protagonistas.

Embora haja acentuadas diferenças culturais, a "fagulha" emocional que sentimos ao fazer contato ocular é universal. A magia "de globo ocular a globo ocular" desencadeia uma excitação fisiológica no sistema nervoso que pode ser medida como um aumento no ritmo cardíaco, na pressão arterial e na atividade das ondas cerebrais. Reagimos à excitação interrompendo o contato ocular para reduzir os nossos níveis fisiológicos e psicológicos de estresse. Em todo o mundo, os seres humanos empregam um padrão geralmente alternante de olhar e, logo em seguida, desviar. O ciclo se repete enquanto a conversa está em andamento. Como vimos, a duração do olhar direto é maior na Turquia do que no Japão, mas em nenhuma sociedade as pessoas mantêm o olhar fixo continuamente, tampouco o evitam totalmente.

Como acontecia com o olhar do meu ex-chefe, direcionado para a boca, há exceções estranhas à regra. "Eu estava conversando com uma mulher sobre uma situação em que alguém que conhecíamos conseguiu dissimuladamente me empurrar um trabalho ao qual ela mesma havia se proposto [Megan escreveu no e-mail]. O tempo todo em que eu estava conversando com essa mulher – cerca de dois a três minutos – os olhos dela ficaram totalmente fechados! Foi a coisa mais bizarra que eu já vi. O rosto dela nunca deixou de olhar diretamente para mim, mas os olhos estavam totalmente fechados – ela nunca os abriu mais do que um segundo. Eu acho que isso foi um sinal defensivo, mas mantê-los fechados por tanto tempo me impressionou muito. Percebi imediatamente e não conseguia desviar os meus olhos dela, esperando para ver por quanto tempo ela ficaria de olhos fechados. Eu acho que não consegui ouvir nenhuma palavra que ela dizia por causa do comportamento dos olhos dela" (MEGAN, 2001, correspondência pessoal). De fato, há diferenças emocionais e culturais no contato ocular e ambas são evidenciadas. Megan enfrentou o que os médicos chamam de "zebra", um sintoma tão bizarro para o qual não há diagnóstico.

Como ler os olhos na mesa de reuniões

Para ler os olhos numa reunião, a primeira coisa a observar é a cor deles. Examine com atenção a cor da membrana contrátil, pigmentada e ovalada dos olhos. É azul-clara, azul, azul-esverdeada, verde, castanho-esverdeada, castanho-clara ou castanho-escura? A cor nada diz a respeito de intenções ou estados de ânimo, mas notar a cor dos olhos explicitamente dará uma ideia das emoções que tornam a decifração dos olhos um desafio. Identifique primeiro a cor, mas tome cuidado para não observar por muito tempo. (O contato ocular é tão emotivo que você pode não conseguir lembrar a cor dos olhos do seu próprio chefe.)

Depois, examine o tamanho da pupila, aquela abertura escura e circular dentro da íris. Ao contrário da cor dos olhos, o tamanho da pupila diz muito sobre o estado de espírito. A pupila pequena ou contraída demonstra que a colega está calma, em geral. Talvez ela tenha acabado de voltar do almoço e esteja em processo de relaxamento causado pela digestão. A pupila maior, dilatada, geralmente é sinal de estimulação ou excitação emocional. A sua colega pode ter tomado mais xícaras de café do que o normal antes da reunião. Ou talvez um comentário inflamado do chefe tenha disparado o alarme e causado a reação de luta ou fuga. Observe as mudanças no tamanho da pupila para prever se um colega está prestes a adormecer de tédio à mesa (muito contraída) ou está preparando-se para discordar do seu novo plano de negócios (muito dilatada).

As pupilas são indicadores confiáveis do estado de ânimo no local de trabalho porque os seus sinais são involuntários e difíceis de controlar. O tamanho delas responde a estímulos emocionais ou à luz e não pode ser contraído nem dilatado de propósito. As pupilas contraem-se automaticamente antes de dormir e alargam-se de excitação mediante liberação de noradrenalina no sistema nervoso simpático. Estejam elas contraídas ou dilatadas, o seu pequeno tamanho torna a sua observação à mesa um desafio, especialmente em colegas com íris escura. Mas a julgar pelos jogadores de carta que leem as pupilas como sinais reveladores (pupilas dilatadas sinalizam uma boa mão no pôquer), as suas mensagens estão disponíveis a seus observadores. Ao contrário dos jogadores de pôquer, que sabem que os oponentes leem as pupilas nos jogos, os executivos raramente usam óculos escuros na sala de reuniões.

Agora que já superou a sua resistência emocional a ler os olhos, você pode observar mensagens adicionais que os olhos emitem nas reuniões presenciais. Primeiro, uma mudança involuntária no movimento para a direita ou esquerda. Conhecida como CLEM (*movimento conjugado lateral dos olhos*), a mudança lateral sugere que o ouvinte está processando ativamente a informação que você partilhou com o grupo. O CLEM é um sinal positivo de que a sua sugestão ou ideia nova foi ouvida.

Ao contrário do sinal de desvio, geralmente negativo, em que o colega vira totalmente a cabeça para o lado e discorda, no CLEM somente os olhos se movimentam enquanto a cabeça permanece parada. O CLEM é uma resposta não verbal, geralmente a uma pergunta verbal, em que ambos os olhos movimentam-se para o lado, para a direita ou esquerda, em conjunto. Mais fácil de perceber do que o tamanho da pupila, o CLEM sinaliza o processamento da informação, reflexão e pensamento.

Em seu estudo clássico do CLEM em matemáticos, Stevan Harnad (1972) observou que o movimento do olho para a direita associa-se ao pensamento simbólico, enquanto o movimento para a esquerda associa-se ao pensamento visual. Aqueles que faziam mais movimentos para a esquerda foram considerados mais criativos. Em reuniões da equipe, observar os movimentos CLEM pode ser divertido e instrutivo. Como são um índice de ativação dos hemisférios cerebrais (GUR, 1975), os movimentos oculares laterais indicam o que os colegas acham dos seus comentários e pensamentos.

O CLEM sinaliza reflexão e pensamento.

Quando estiver à mesa de reunião monitorando íris, pupila e CLEM, também observe os "olhos arregalados". Esse sinal bastante visível demonstra que sentimentos muito fortes vieram à tona. Como sinal não verbal, os olhos arregalados são um alargamento involuntário e dramático dos olhos em situações de emoção intensa, como raiva, surpresa, choque e temor. A abertura máxima das pálpebras (em termos médicos, dilatação da *fissura palpebral*) evidencia a curvatura, a curvidade e, em alguns casos, até mesmo a protrusão do próprio globo ocular.

Quando ficamos realmente surpresos ou temerosos, ao contrário de fingir a emoção, como numa conversa, dois músculos viscerais involuntários das pálpebras – o *tarsal superior* e *inferior* – alargam a fenda ocular para que ambos os olhos pareçam visivelmente maiores, mais redondos e mais brancos. Como as pupilas dilatadas, o sinal dos olhos arregalados é controlado por impulsos da divisão de luta ou fuga do sistema nervoso. Por serem sinais involuntários, os olhos arregalados são difíceis de forjar. Assim, eles são muito confiáveis como sinais não verbais. Emoções fortes de terror e raiva, por exemplo, são registradas primeiro nos olhos antes que o corpo se mobilize para bater em retirada ou partir para o ataque. Como costumo aconselhar em seminários para juízes, olhos arregalados no tribunal são um sinal preocupante de que um incidente está por vir, e que é hora de alertar os seguranças. Como o ataque físico pode estar iminente, o réu, a testemunha, o advogado ou o juiz podem estar em perigo. Na sala de reuniões, olhos arregalados podem significar que algo que você disse deixou-o em situação perigosa.

Embora possamos alargar os olhos conscientemente, a dilatação total da pupila envolve respostas involuntárias dos músculos tarsais. Esses músculos das pálpebras superior e inferior são ativados pela divisão "luta ou fuga" do sistema nervoso, com o auxílio de partes da medula espinhal conhecidas como *gânglios cervicais superiores*. Ao ver olhos inusitadamente arregalados com a parte branca totalmente visível ao redor da íris, preste atenção e proteja-se.

Em seu livro *Blink: The Power of Thinking Without Thinking* (2005), Malcolm Gladwell analisa a potência e a precisão da intuição e das primeiras impressões – que acontecem "num piscar de olhos". Na sala de reuniões você deve observar o piscar de olhos para ter uma intuição sobre o pensamento dos colegas antes que tal pensamento seja revelado – se é que será revelado – concretamente em palavras.

A piscadela caracteriza-se pelo fechamento e abertura rápidos dos olhos. No trabalho, a taxa de piscadelas reflete excitação psicológica, como um detector de mentiras ou teste de polígrafo. A taxa normal da piscadela humana, em situação de descanso, é de 20 fechamentos por minuto, com a piscadela média durando um quarto de segundo (KARSON, 1992). Taxas significativamente mais rápidas podem refletir estresse emocional despertado na reação de luta ou fuga.

Observe as taxas de piscadelas obviamente mais rápidas em colegas para avaliar o quão excitados – ou preparados – eles estão em relação aos itens da pauta sobre a mesa. Aqueles que piscam vagarosamente podem não estar tão emocionados quanto aqueles mais acelerados. Em pacientes mentais, as taxas de piscadelas aumentam mediante tópicos ansiosos ou tensos, e mediante mudança para um novo tópico (KANFER, 1960). Observei que geralmente esse era o caso em reuniões de negócio, com a condição de que os chefes e gerentes costumam ter taxas de piscadelas menores. Como são líderes, eles tendem a ter mais controle, sendo, então, menos ameaçados por ideias novas do que os funcionários de escalão mais baixo.

Assim como outros movimentos corporais aparentemente simples, a piscadela não é tão simples assim. A nossa taxa de piscadelas é controlada por paleocircuitos do cérebro anfíbio ancestral (GIVENS, 2009). Também conhecida como mesencéfalo, essa parte antiga de nossa neuroanatomia permitia que os nossos ancestrais vissem – e piscassem – acima da linha d'água dos mares devonianos. Fora da água, ao ar livre, o ato de piscar impedia que os olhos anfíbios secassem.

A piscadela humana, porém, também é afetada por respostas emocionais. Piscamos com mais rapidez quando estamos excitados porque os movimentos das pálpebras refletem os níveis de excitação corporal estabelecidos pelo primitivo *sistema de ativação reticular* (RAS) do tronco cerebral. As emoções estimulam a ação do RAS na *substantia nigra* do nosso mesencéfalo, que secreta a substância excitante chamada de dopamina para o *colículo superior* do cérebro anfíbio (KARSON, 1992: 417). Em suma, as nossas pálpebras piscam com mais rapidez quando ficamos tensos numa reunião, especialmente quando nos atrasamos, exageramos os nossos problemas ou mentimos abertamente aos colegas do outro lado da mesa. Como a lagartixa da companhia de seguros Geico, o anfíbio ancestral em nosso mesencéfalo não consegue segurar a língua.

Boa parte do córtex de nosso cérebro primata é dedicada à visão. O lugar para onde os olhos miram é um sinal claro do ponto aonde os seus colegas prestam atenção. Não há melhor pista do que passa pela cabeça de um colega do que olhar dentro de seus olhos. A linha de visão e os movimentos oculares acima da mesa de reunião evidenciam o ponto de vista dos funcionários. Em reuniões, o funcionário médio está tão absorvido pelas palavras faladas e escritas que as mensagens não faladas permanecem em grande parte fora de análise. Decifrar os olhos à mesa de reunião deixará a sua compreensão muito acima da média.

No próximo capítulo os seus olhos aprenderão a ler as mensagens que as mãos revelam no trabalho. Você aprenderá a conquistar o entrosamento com gestos com as palmas voltadas para cima, e a usar sinais com as palmas voltadas para baixo a fim de parecer mais confiante nos debates na sala de reuniões.

4
Negócios nas mãos

> *As mãos dele elevaram-se, esvoaçaram trêmulas como pássaros feridos alguns centímetros acima da superfície da mesa, vagarosamente voltaram e aterrissaram.*
> George C. Chesbro. *Shadow of a Broken Man.*

O presidente da Microsoft, Steve Ballmer, admite que é um *golpeador de mesas*. Golpeador de mesas é aquele que bate nos móveis do escritório com a palma da mão para dar ênfase. É mais ou menos como o uso do martelo pelo juiz para impor ordem no tribunal. A mão autoritária ou irritada bate com força numa superfície lisa para enfatizar uma questão. Aqueles que veem o gesto sabem instantaneamente o que significa e ficam felizes pela pancada ter sido na mesa, e não em alguma cabeça.

Um competente golpeador de mesas há algumas décadas foi Nikita Khrushchev, Primeiro Secretário do Partido Comunista da antiga União Soviética. Nos anos 1960, Khrushchev tinha o hábito de bater na mesa para interromper as sessões da Assembleia Geral da ONU. O seu gesto mais famoso aconteceu em 29 de setembro de 1960, quando bateu com o sapato na mesa para interromper o discurso do Primeiro-Ministro britânico Harold Macmillan, de quem discordava.

As raízes do ato de bater na mesa são profundas. Entre as crianças em idade pré-escolar, o gesto de *golpear* é "um forte golpe com uma das mãos contra a outra mão imóvel ou contra um objeto, como uma mesa" (BRANNIGAN & HUMPHRIES, 1972: 61). *Bater no chão* é um gesto agressivo de langures e babuínos das savanas, e usado como um gesto de ameaça por nosso parente animal mais próximo, o chimpanzé. Assim como o golpe com o sapato de Khrushchev, o tapa com as palmas voltadas para baixo do chimpanzé demonstra atitude e imposição séria.

O mesmo acontece nos negócios. Para mostrar convicção aos colegas à mesa de reunião, use gestos com *as palmas voltadas para baixo* para enfatizar os seus principais pontos da fala. Sem realmente bater na mesa, vire a palma da mão aberta para baixo – mova-a para baixo, paralelamente à superfície da mesa – e ofereça-a como um sinal. Direcione o gesto para frente, ao mesmo tempo em que a movimenta para cima e para baixo como uma batuta, para ser convincente sobre as suas ideias mais importantes. Sem saber ao certo por que, os ouvintes sentirão que você tem mais confiança em suas palavras.

Já vimos o gesto das palmas voltadas para baixo em *talk shows* políticos como "Meet the Press". Enquanto os especialistas em política e os políticos discutem importantes questões da atualidade, eles projetam as mãos impositivamente (giram uma ou ambas as mãos como se fossem tocar uma superfície), estendem-nas e batem no ar com as palmas voltadas para baixo. Nas reuniões de trabalho, você também pode projetar as mãos com as palmas voltadas para baixo para mostrar que está falando sério.

Um gesto que eu chamo de *mão atrás da cabeça* revela o oposto da convicção, isto é, o sentimento de incerteza. Desconfie quando os colegas fizerem movimentos repentinos com a mão atrás da cabeça. Eis um exemplo de um locutor famoso no mundo inteiro que descuidadamente deixou as mãos falarem. Em 29 de dezembro de 2000, enquanto explicava a projeção equivocada da sua emissora, referente ao vencedor da eleição presidencial dos Estados Unidos na Flórida, no *Tonight Show* com Jay Leno – declarando Al Gore, depois George W. Bush, o vencedor –, o âncora do *Nightly News*, Tom Brokaw, da NBC, levantou a mão direita e coçou a parte posterior da cabeça. Sem perceber, Tom fez o clássico sinal de perplexidade da mão atrás da cabeça. Milhões de espectadores viram o normalmente imperturbável Brokaw mostrar seu embaraço ao expor a sua decepção.

Tocar, coçar ou segurar a nuca ou a cabeça com a palma da mão aberta é um sinal revelador de incerteza, conflito mental ou frustração. O gesto transmite uma questão pendente a explorar. No caso de Tom, o gesto televisionado da mão atrás da cabeça refletia vergonha pessoal – um sentimento agudo de desconforto mental – pelo erro colossal da NBC.

Na mesa de reunião, se o seu chefe colocar a mão atrás da cabeça enquanto você expõe a sua proposta, o gesto significa que você provavelmente precisa dar mais explicações. Controlado pelos centros emocionais no cérebro do chefe, o movimento da mão sugere um estado de espírito conflitante. Ao ver a mão voltar a repousar sobre a mesa, isso demonstra que o chefe mudou de ideia e pode estar mais receptivo.

No que tange a gestos com as mãos, imagine a mesa de reunião como um palco. A mesa é uma plataforma que facilita as reuniões presenciais. É o "campo de atuação estável" corporativo onde os falantes dirigem-se aos colegas para discutir questões empresariais. Não verbalmente, a mesa é um território neutro que possibilita a troca de gestos com as mãos significando harmonia ou discórdia, ofensa ou defesa. Neste capítulo veremos como os formatos, as posições, os movimentos e os gestos das mãos fazem guerra em sua superfície e no espaço aéreo acima.

A mão atrás da cabeça sugere um estado de ânimo conflituoso.

Como os gestos das mãos melhoram a compreensão? Por que um colega parou de gesticular com as mãos? Por que os sinais com as *palmas voltadas para cima* geralmente são relaxantes, reconfortantes e conciliatórios? Como os sinais de *mímica* melhoram a compreensão das suas palavras? Para saber como as mãos falam no trabalho, continue lendo.

Falando com o dedo médio

No discurso de formatura aos alunos da Faculdade de Administração da Universidade de Columbia, em 15 de maio de 2005, a presidente e diretora financeira da PepsiCo®, Indra Nooyi, comparou os cinco dedos da mão aos cinco territórios da África, Ásia, América Latina, Europa e Estados Unidos (NOOYI, 2005). Indra começou a comparar o mundo aos dedos da mão na infância, nas conversas com sua mãe e irmã, em sua casa em Madras, Índia. Elas observavam as próprias mãos, percebiam diferenças no tamanho e formato dos dedos e falavam como, apesar das diferenças, os dedos "trabalham juntos e criam uma ferramenta maravilhosa" – a mão humana.

Segundo o mapeamento anatômico de Indra, o dedo mínimo é a África. Embora o continente seja enorme, a situação econômica da África no cenário mundial é pouco significativa. "E, mesmo assim, quando o nosso dedo mínimo se machuca [Indra disse aos alunos], ele afeta toda a mão".

O polegar, o nosso dedo mais grosso e mais forte, é a Ásia, porque a Ásia é um agente poderoso na economia do mundo. Depois, o indicador, com o qual apontamos, é a Europa, a região geográfica que "serviu como referência à civilização ocidental e às leis que usamos na condução dos negócios mundiais."

O dedo anular, enquanto isso, engloba as áreas combinadas da América do Sul e América Latina. Indra encontra um tema romântico nos movimentos quentes, apaixonados e sensuais do mambo, samba e tango. Finalmente, o nosso dedo médio são os Estados Unidos. "Por ser o dedo mais longo [Indra explicou em seu discurso], ele realmente se destaca – assim como os Estados Unidos destacam-se como o maior agente dos negócios mundiais atualmente".

Após mapear os cinco dedos geograficamente como continentes, Indra Nooyi destacou a culpa dos Estados Unidos por abanar o dedo médio de forma negativa, como um gesto obsceno. Em vez de projetar-se ao mundo com as mãos abertas, o país oferece o dedo.

Digitus impudicus – o dedo indecente – é um gesto conhecido de insulto sexual. Simplesmente "o dedo", como é conhecido nos Estados Unidos, ele remonta à Roma Antiga, ao diabólico imperador Calígula. Hoje, há várias fotos na Internet do ex-presidente estadunidense George W. Bush mostrando o dedo em público. Ao ver as fotos, os observadores estrangeiros podem pensar que o dedo se direciona a eles como uma ameaça.

Apontar ou parecer apontar o dedo é um pequeno gesto que transmite uma grande mensagem. Em setembro de 2008, Indra Nooyi, 52 anos, que ocupava o cargo de presidente da PepsiCo, foi eleita a mulher mais poderosa do mundo dos negócios pela revista *Fortune* pelo terceiro ano consecutivo. Os seus comentários anteriores em Columbia, em 2005, que aludiam a uma política estrangeira americana intimidadora, foram proféticos: "Infelizmente, eu acho que o resto do mundo olha assim para os Estados Unidos hoje [Indra havia dito]. Não como parte da mão – dando força e propósito ao resto dos dedos –, mas, ao contrário, coçando o nosso nariz e fazendo um sinal bem diferente" (NOOYI, 2005).

Cruz levantou a mão

No mundo do trabalho, os colegas lembrarão os gestos das suas mãos muito tempo depois que as suas palavras tiverem sumido. Fazer um *sinal de interrupção com a mão* aos colegas, por exemplo, para que se calem ou fiquem quietos – para que eles não lhe respondam na reunião – ficará registrado na memória deles por muito mais tempo do que as palavras seguintes.

O significado do gesto de interrupção com a mão – "Eu detenho você" – traduz-se no braço projetado para fora com a palma apontada para a pessoa que você cala. É o sinal usado pelos guardas de trânsito para interceptar os veículos nos cruzamentos. Em uma reunião, esse gesto é igualmente autoritário. O braço se enrijece ao mesmo tempo em que a palma é agressivamente apontada na sua direção para "deter" você. Aconteça no contexto de raiva moderada ou acentuada, você lembrará para sempre desse sinal como uma ordem indesejada, desagradável e antipática.

Em setembro de 2007, Zoe Cruz, então copresidente da Morgan Stanley, usou a palma da mão para calar um membro do conselho que tentou interrompê-la em uma reunião da diretoria. "Cruz levantou a mão [a revista *New York* noticiou], e repreendeu: 'Eu ainda não acabei!'" (HAGAN, 2008).

Eleita uma das executivas mais poderosas do mundo em 2006 pela revista *Fortune*, Zoe Cruz assumiu uma postura cada vez mais defensiva depois do prejuízo de $3,7 bilhões da Morgan Stanley, em 2007, uma séria hemorragia que ocorreu em sua gestão de copresidente. A atitude defensiva de Zoe emergiu como raiva. Em vez de responsabilizar-se pelo prejuízo, o *Wall Street Journal* observou que Zoe, "ao contrário, começou a atacar os funcionários em uma série de reuniões sobre o prejuízo, levantando dúvidas sobre o seu estilo gerencial" (SMITH et al., 2007: B1).

A linguagem corporal de Zoe Cruz antes, durante e depois da hemorragia financeira transmitiu os sinais errados tanto para os colegas quanto para os diretores. O seu estilo gerencial imperioso e confrontante era tão marcante, que o presidente da Morgan Stanley, John Mack, contratou um *personal coach* para trabalhar com ela. Cruz foi acusada de às vezes usar uma voz excessivamente emotiva e cortante nas reuniões, e de gritar para conseguir o que queria. À medida que a notícia do prejuízo bilionário se espalhava pela empresa, Zoe, que não fumava muito, várias vezes saía do prédio para fumar e envolvia-se em discussões acaloradas com a equipe. Às vezes demonstrava publicamente uma postura "desarmoniosa" nas relações com o seu copresidente, Robert Scully, a quem contradizia verbalmente nas reuniões.

Ao contrário de cultivar aliados, o comportamento de Zoe Cruz afastou muitos dos mais influentes diretores da Morgan Stanley. Quando a diretoria se reuniu por telefone em 29 de novembro de 2007 para debater a demissão de Zoe, poucos a defenderam. Na verdade, Zoe foi dispensada antes mesmo de saber disso, dois meses depois da reunião da diretoria em que ela havia levantado a mão imperiosamente.

> **Como segurar um cartão comercial**
>
> No mundo executivo, pode-se estabelecer ou destruir qualquer entrosamento pela forma como você segura um objeto com as mãos. Isso aplica-se especialmente aos cartões de visita.
>
> Quando um executivo japonês lhe entrega o seu cartão, você não deve pegá-lo e enfiá-lo rapidamente no bolso. Segurar o cartão com uma das mãos, dar uma olhada rápida e colocá-lo no bolso demonstra desrespeito. Segurar um cartão comercial apressadamente entre o polegar e o seu indicador é aceitável nos Estados Unidos, mas não no Japão.
>
> No Japão, espera-se que você receba um cartão comercial com reverência. Você deve pegá-lo com ambas as mãos, tocá-lo com as papilas táteis sensíveis do seu polegar em conjunto com ao menos dois dedos de cada mão, e lê-lo com atenção. Numa demonstração ainda mais reverente, você envolveria todos os cinco dedos, também de ambas as mãos, ao segurar o cartão. Quanto mais atenção tátil você dispensar ao cartão, mais respeito estará demonstrando. Segurar o cartão com reverência sinaliza que você não apenas recebeu o cartão, mas o guardou.

Num trabalho de consultoria para a Hallmark Cards, Inc., na cidade de Kansas, observei clientes em lojas de cartões comemorativos no Missouri e no estado de Washington. Descobri o que chamo de *pegada com decisão*. A pegada com decisão é a maneira de segurar um objeto com segurança entre as sensíveis pontas dos dedos e a palma. Ao "segurar com vontade", a pegada com decisão é uma indicação clara de que o cliente decidiu tomar posse do cartão e efetuar a compra.

A pegada com decisão é um sinal não verbal mostrando que a sua mente decidiu comprar. Após um período de espera exploratório refletido pelo ato de segurar o cartão temporariamente – entre a papila tátil do seu polegar e o lado menos sensível do indicador – você transfere involuntariamente o item para o modo "pegada com decisão". Isso maximiza a ligação tátil entre o cartão e as papilas ricas em nervos da ponta dos seus dedos, como se estivesse na palma da mão como um pertence.

No Japão, você deve segurar o cartão comercial de alguém como se fosse um cartão comemorativo, o que, em muitos aspectos, não deixa de ser. Depois de ter lido toda a mensagem – no ramo dos cartões comemorativos, a mensagem é conhecida como um "sentimento" –, guarde o cartão na carteira, na bolsa ou na maleta. O respeito pelo cartão demonstra respeito pela pessoa.

Mãos expansivas

Ao passo que a mão pode demonstrar arrogância, como no caso de Zoe Cruz, também pode demonstrar interesse pelas pessoas. Estender a mão aberta amistosamente – como um gesto ou convite para um aperto de mãos – pode despertar o extrovertido que existe em você. Na psicologia, "extrovertido" é alguém que se preocupa com os outros. O outro lado da moeda é o "introvertido", alguém que direciona a atenção para dentro, para si mesmo e que pouco provavelmente procurará os outros. Nos negócios, aqueles que estendem as mãos levam vantagem sobre aqueles que guardam as mãos, escondendo-as nos bolsos, cruzando-as no colo ou ocultando-as sob a mesa.

"Apareça, misture-se, fale mais e conecte-se à sua equipe e aos outros, empregando toda a energia e personalidade possíveis." Assim escrevem Jack e Suzy Welch em sua coluna de conselhos da revista *BusinessWeek* (WELCH & WELCH, 2008: 92). A dupla respondia uma pergunta de uma leitora anônima cujo chefe havia dito que ela precisava mostrar uma "personalidade mais forte" se quisesse uma promoção. O problema, confessou a executiva de Atlanta, é que ela era uma "introvertida nata".

Em grandes empresas, os funcionários introvertidos, segundo a dupla Welch, costumam ter mais problemas para progredir do que os funcionários mais extrovertidos que conseguem se relacionar e motivar os colegas no trabalho. Como antropólogo, observei um jeito fácil de projetar o nosso lado expansivo: simplesmente mexa mais as mãos. Em estudos filmados de reuniões, percebi que as mulheres que movimentavam as mãos sobre a mesa enquanto falavam prendiam mais a atenção e eram levadas mais a sério do que aquelas que falavam com as mãos fora de vista, cruzadas no colo sob a mesa.

Na minha pesquisa para a Unilever sobre cremes para as mãos (cf. capítulo 1), percebi que os seres humanos têm especial apreciação pelo formato, pelos movimentos e gestos das mãos. Nós percebemos e levamos as mãos muito a sério porque somos primatas. Os lobos temporais do cérebro primata são altamente sintonizados com os órgãos que usamos para gesticular, segurar, conter e apertar as mãos. No estudo da Unilever, descobri que prestamos especial atenção aos sinais de boa aparência, gênero e idade nas mãos que vemos. Calos, sujeira sob as unhas e marcas da idade, por exemplo, são tidos como sinais feios e negativos. O fascínio que as mãos exercem sobre nós explica por que Michelangelo pintou, Rodin esculpiu e Annie Liebovitz fotografou mãos graciosas em nome da arte. Na sala de reuniões, estenda e movimente as suas mãos bem cuidadas para o seu próprio sucesso.

Apertos de mão

Nos negócios de hoje, o aperto de mão é usado como um gesto universal de reunião, cumprimento e fechamento de uma transação. É o aperto ritualizado de outra mão, com alguns movimentos para cima e para baixo (ou, no Texas, para os lados), seguido de uma liberação rápida. Como vimos, considerando que a ponta dos dedos e a superfície da palma são extraordinariamente sensíveis, o aperto propriamente dito pode ser profundamente pessoal. Logo sentimos o calor ou o frio, o ressecamento ou a umidade e a firmeza ou a frouxidão da mão que apertamos. O estímulo sensorial dos receptores de temperatura e pressão da mão até a área sensorial parietal do cérebro pode ser intenso, especialmente no namoro. Partindo do lobo parietal, a mensagem do aperto de mão vai até áreas mais profundas do sistema límbico em busca da interpretação emocional para julgar o que o aperto transmitiu.

Se você viajar à França a trabalho, prepare-se para apertar mãos dezenas de vezes ao dia. Os funcionários em Paris podem apertar as mãos dos colegas de manhã como boas-vindas e à tarde como despedida. Vendedores e técnicos externos apertarão as mãos de todos os presentes ao entrar ou sair da empresa. Isso contrasta com a prática japonesa de poucos apertos de mão na empresa, priorizando educadas inclinações da cabeça. Nos países islâmicos, os homens são proibidos de apertar as mãos das mulheres em público. Então, embora o aperto de mão tenha se tornado um gesto universal no mundo dos negócios, você deve aprender os protocolos culturais sobre aperto de mão antes de viajar.

Como em grande parte do mundo o aperto de mão é uma indicação visual e tátil da sua consideração pelos outros, a regra é não recuar. Na América do Norte, América Latina e Europa, tome a iniciativa, dê um passo à frente e aperte a mão. O aperto aumentará o seu coeficiente de extroversão e mostrará aos colegas que você tem consideração por eles. Na Ásia, sul da Ásia e Oriente Médio, o aperto de mão pode ter mais nuanças. Aprenda as regras culturais dessas regiões antes de dar um passo à frente com a mão estendida. O indiano *namasté*, com as palmas e os dedos juntos na altura do peito, com um suave aceno da cabeça; ou o muçulmano *salaam*, em que a mão direita toca a testa, também com um suave aceno da cabeça, podem ser sinais melhores.

Em qualquer parte do mundo onde você conduzir negócios, não esconda as mãos atrás de você nem as mantenha fora de vista. Mostre-as para atrair atenção sobre si mesmo e enfatizar as suas ideias. Nos negócios, as mãos são grandes embaixadoras no trato com aqueles que não conhecemos bem. Em sua linguagem não falada, que é misteriosa, porém compreendida por todos, as mãos são altamente favoráveis a você.

Gestos universais

Enquanto o aperto de mão é conhecido, porém nem sempre usado nos negócios ao redor do mundo, descobri quatro gestos básicos das mãos realizados em toda sociedade que são compreendidos por todos em qualquer parte. Você verá esses gestos em cenários corporativos de Houston a Hong-Kong, e a mensagem deles é sempre a mesma. Onde quer que a reunião aconteça, a maneira pela qual você move as mãos levará os outros a percebê-lo como um *ilustrador*, um *explanador*, um *convencedor* – ou um *agitado*:

Sinais de mímica

O ilustrador usa sinais de *mímica* para descrever o tamanho, a forma e a localização de pessoas, lugares e objetos. Um sinal de mímica é um gesto falante em que as mãos e os dedos fazem a mímica de relações espaciais e temporais de, entre outros, objetos, atividades e eventos. As mãos de um ilustrador falam figurativamente em conjunto com os sinais vocais.

Um típico sinal de mímica é a *figura caminhante*, em que dois dedos "caminham" sobre a mesa, fazendo a mímica da marcha rítmica e deslizante do corpo. Os sinais de mímica também podem ser usados em sequência para contar histórias. Um exemplo seria fazer a mímica das ações físicas de atirar uma bola de neve enquanto você descreve: "Eu pego a neve", "formo uma bola" e "atiro em você". As suas mãos contam a história juntamente com as suas palavras.

Em seu livro *Hearing Gesture: How Our Hands Help us Think* (2005), Susan Goldin-Meadow, psicóloga da Universidade de Chicago, mostra como os gestos ajudam a compreender ideias e palavras ditas. O uso da mímica numa reunião para ilustrar um plano de negócios ajudará os colegas a entender melhor o que você planeja. Como os circuitos neurológicos da mímica manual são tão complexos quanto aqueles do discurso, eles são muito expressivos. Por revelar a presença do pensamento conceitual, os sinais de mímica são os seus gestos mais intelectuais. Como as palavras, eles expressam o pensamento narrativo, as relações entre os objetos e as associações entre as ideias. Numa escala de avaliação de linguagem corporal, a mímica é muito bem conceituada em reuniões presenciais. Já que a mímica aumenta a compreensão, use-a à vontade para ilustrar os pontos falados.

Por muitos anos, os professores de oratória desencorajaram os alunos a falar com as mãos. Eles dizem que os movimentos das mãos distraem, atrapalham e desviam-se das palavras faladas. Embora isso possa ser verdade para discursos oficiais, em palanques formais, não é o caso de reuniões de equipe, de negócios e da diretoria. Falar com as mãos auxilia a compreensão, sugere Susan Goldin-Meadow, porque aciona áreas espaciais e não verbais do cérebro dos ouvintes. Diferentemente das palavras, processadas apenas em centros de fala do lado esquerdo do cérebro, o ato de falar e fazer mímica ao mesmo tempo atinge ambos os lados do cérebro ao mesmo tempo.

Sinais com as palmas para cima

Distintamente dos ilustradores, os gestos das mãos de um explanador não descrevem objetos, nem fazem mímica das relações no espaço. Os sinais com as *palmas para cima* do explanador fazem apelos emotivos ao apoio, à cooperação e compreensão do ouvinte. As palmas para cima são um gesto universal feito com os dedos estendidos e a mão voltada para cima (ou *supina*), paralela ao teto. As palmas abertas e voltadas para cima são oferecidas como um gesto de súplica sugerindo um lado vulnerável, uma postura não agressiva rogando que os ouvintes sejam aliados, e não rivais ou inimigos.

Para abordar os colegas de modo não agressivo, vire a palma da mão para cima.

Em todo o mundo, os gestos com as palmas voltadas para cima refletem modos de acomodação, congenialidade e humildade. Acompanhados de sinais com as palmas, as suas ideias, opiniões e comentários parecem mais conciliatórios do que assertivos, agressivos ou incisivos. Se oferecida a um adversário à mesa de reuniões, a palma exposta pode, como um ramo de oliveira, angariar apoio como um emblema de paz.

Os sinais com as palmas para cima são culturalmente universais e enraizados em nossa natureza basicamente primata. Segundo o zoólogo Frans de Waal, eles são usados por nossos primos próximos, os chimpanzés (*Pan troglodytes*), para pedir comida e resolver disputas. Tudo o que um chimpanzé precisa fazer para se reconciliar é estender a palma voltada para cima. Oferecer a mão aberta com a palma para cima significa na empresa o mesmo que na mata: "Não lhe quero mal".

Como sou antropólogo, ando com um caderno. Registrei muitas observações de gestos com as palmas voltadas para cima em busca de simpatia, para pedir favores e ajuda. Estes são alguns dos meus exemplos favoritos tirados das notas de campo:

• Uma representante de vendas suplica ao chefe com as palmas para cima: "Você quer mesmo que eu vá para Cleveland amanhã?"

• Um adolescente pede o carro emprestado à mãe usando a palma voltada para cima: "Por favor, mãe!"

• Em Gana, uma mulher de uma tribo faz gestos com as palmas erguidas depois de saber que o marido é a favor da poligamia e quer mais de uma esposa: "O que nós, mulheres, podemos fazer?", ela pergunta, conformada.

• Na sala de reuniões, um diretor apela à equipe principal com as palmas voltadas para cima, implorando: "Preciso da sua ajuda".

As palmas para cima são um dos melhores sinais para guardar no seu arsenal de gestos. Use-as para tocar os colegas de forma não agressiva, aproximando-os psicologicamente. Embora os colegas possam ter restrições quanto a serem tocados, eles apreciam sinais demonstrando que são queridos e lembrados.

Gestos com as palmas para baixo

Os convencedores usam precisamente o sinal oposto, as *palmas para baixo*, exatamente com o significado contrário. Um convencedor faz o gesto mais agressivo para convencer. As palmas para baixo são um gesto insistente e inflexível feito com os dedos estendidos e a mão voltada para baixo (*pronada*), paralela ao chão. É a posição assumida pela mão num exercício de flexão.

Gestos com as palmas para baixo demonstram confiança, assertividade e dominação. Contrastam com os sinais com as palmas para cima, mais simpáticos. Lembre-se do gesto de bater na mesa de Steve Ballmer, da Microsoft. Ele mostrou uma versão mais vee-

Movimentos com a palma da mão para baixo fazem as suas ideias parecerem mais convincentes.

mente da palma pronada. Por ser um sinal forçoso, bater com a palma para baixo faz com que as suas ideias e opiniões pareçam mais convincentes. Subindo e descendo como o martelo de um juiz, as palmas para baixo são enfáticas quando usadas sobre a mesa de trabalho ou mesa de reunião. (Não é necessário bater na mesa para mostrar convicção.)

Anatomicamente, um exercício de flexão envolve os músculos do ombro e do braço, antebraço, pulso e dedos. As redes nervosas entrelaçadas dos plexos cervical e braquial coordenam o sinal da palma para baixo. Um centro motor primitivo em nosso cérebro chamado de *gânglios basais* controla o gesto das palmas para baixo, assim como a elevação da iguana, uma posição que objetiva intimidar os rivais.

Com sua origem réptil, as expressões culturais das palmas para baixo são prolíficas. Na Grécia, o gesto de *estender as palmas* pronadas, ou *moutza* dupla, com os braços estendidos horizontalmente para frente, é um insulto que significa: "Vá para o inferno!" (MORRIS, 1994, 196). Como o *tapa* saudita para expressar desagrado e o ato italiano de *estender o antebraço*, usado como insulto sexual, os gestos *moutza* incorporam a agressividade natural dos movimentos de batida pronados.

No trabalho, é melhor usar as palmas pronadas estratégica e raramente. Use-as sobre a mesa de reuniões para convencer apenas sobre os seus pontos falados mais importantes. Como elas podem ser agressivas demais, cuidado para não as mirar nos colegas do outro lado da mesa. Lembre-se do exemplo no início deste capítulo, que comentou o forte gesto similar à *moutza* que Zoe Cruz exibiu na Morgan Stanley para calar um colega. Foi levado a sério e, dois meses depois de levantar a mão na reunião da diretoria, Zoe foi demitida.

Lendo as palmas

Eu já vi convencedores usando gestos com as palmas para baixo literalmente em milhares de situações para fortalecer suas ideias, opiniões e ordens. Veja estes quatro exemplos das minhas notas de campo:

• Na sala de reuniões, a presidente usa a *palma virada para baixo* como um martelo para ordenar: "Silêncio, por favor!"

• A mãe disciplina o filho usando as *palmas para baixo* para enfatizar as suas palavras.

• Um ancião em uma tribo de Gana faz gestos enfáticos com *movimentos de batida* da palma pronada para convencer os ocidentais de que as esposas dele *preferem* a poligamia.

• O diretor irritado avisa à equipe, usando a *mão virada para baixo* e endurecida, de forma a enfatizar as suas palavras: "A partir de *hoje*, não aceitarei relatórios atrasados".

Tocando em si mesmo

O agitado toca o rosto ou o corpo várias vezes enquanto conversa. Numa reunião, os gestos de *tocar em si mesmo* podem sinalizar, sem querer, ansiedade, confusão e incerteza. Eles competem com outros gestos das mãos e sugerem que você está inseguro sobre si mesmo ou sobre as suas ideias. Os colegas reagem discordando dos pontos. Como você demonstra insegurança, é menos provável que eles invistam no seu plano.

Tocar em si mesmo é o ato de estimular os próprios *receptores táteis* em busca de pressão, vibração, calor, frio, suavidade e dor. Como o teste do polígrafo, tocar em si mesmo reflete o nível de excitação da resposta de *luta ou fuga* do seu sistema nervoso simpático. De forma inconsciente, você toca em seu corpo quando as emoções são intensas demais, buscando conforto, alívio ou a liberação de estresse reprimido.

Por serem tão sensíveis, os lábios são pontos favoritos para as pontas dos dedos repousarem e fazerem o confortável contato corporal. Comportamentos de autoestimulação, como segurar o braço ou o pulso, massagear a mão e coçar, esfregar ou beliscar a pele, aumentam com a ansiedade e podem sinalizar medo ou incerteza.

Os especialistas em primatas chamam esses comportamentos de "atividades dispersivas", porque elas são deflagradas pela energia nervosa. Causado por algum conflito, estresse ou incerteza provocados pela aproximação de um estranho, por exemplo, o chimpanzé pode "dispersar" o seu nervosismo coçando a cabeça. "Quanto mais intensa a situação de ansiedade ou conflito, mais vigorosa torna-se a coceira", escreve Jane Goodall. "Ocorria tipicamente quando os chimpanzés estavam preocupados ou assustados com a minha presença ou a de um chimpanzé mais forte" (LAWICK-GOODALL, 1968: 329). A coceira emocional foi observada em gorilas, babuínos e macacos-pata em contextos similares.

Se quiser ter o controle dos mínimos detalhes, aconselho a você segurar a vontade de se coçar enquanto responde as perguntas do seu chefe nas reuniões, para não parecer pouco à vontade ou inseguro. Assim como não deve deixar os colegas perceberem que você transpira sob pressão, eles também não devem perceber que você toca em si mesmo sob estresse. Vale a pena repetir o comentário da Dra. Godall: "Quanto mais intensa a situação de ansiedade ou conflito, mais vigorosa torna-se a coceira". Então, não deixe o chefe flagrar você se coçando.

Mãos enganosas

Assim como convencem, as mãos também podem enganar. Em um de meus trabalhos para uma empresa cujo nome omitirei, pediram que eu fizesse um levantamento dos salários de equipes similares em âmbito nacional. Foi uma tarefa muito delicada. A diretoria da empresa queria saber em que nível estavam, tendo em vista os padrões salariais da indústria. Em outras palavras, eles estavam pagando muito ou pouco pelo trabalho?

Visitei a associação comercial nacional da empresa e comprei a última pesquisa salarial. Uma olhada rápida nos níveis salariais revelou que a empresa era uma das piores pagadoras. Os baixos salários eram evidentes para todos os funcionários, exceto o diretor executivo e o diretor financeiro, que, segundo os números, tinham salários muito acima da média. Em vez de enviar os resultados por e-mail, cruzei o corredor para falar pessoalmente com o segundo líder da empresa, José, o diretor financeiro.

Transmiti as informações a José e falei que, ao que parecia, os salários eram baixos para a maioria dos cargos da empresa. José olhou para mim, suspirou, reclinou-se e segurou os braços da cadeira. Com voz monocórdia, respondeu: "Você sabe, quanto mais dinheiro ganhamos, mais impostos pagamos. Se você ganhar mais dinheiro, pagará mais impostos, então não há vantagem. Às vezes eu mesmo queria ganhar menos dinheiro para não precisar pagar mais".

Meu queixo caiu, mas tive a presença de espírito de manter a boca fechada, então acho que ele não percebeu. Não foi a escorregadia linguagem corporativa de José que me surpreendeu, mas o seu comportamento curiosamente distante. Sendo um homem geralmente animado que costumava inclinar-se para a frente ao falar e que enfatizava as palavras com gestos firmes e com as palmas voltadas para baixo, o acomodado José parecia indiferente, insincero e distante. Ademais, ele não fazia gesto algum. Ambas as mãos segurando firme nos braços da cadeira, sem nada a dizer. A sua linguagem corporal evidenciava perfeitamente que José estava me enganando. Ele mesmo não acreditava no que dizia, então por que eu deveria acreditar?

No trabalho que desenvolvi com o Programa do Polígrafo do FBI, aprendi que ler os sinais enganosos do corpo pode ser tão revelador – ou mais revelador – do que ler os gráficos de um detector de mentiras. Se o funcionário não passar no teste do polígrafo, o relatório oficial acusará "M.D.", Mentira Detectada. Considerando as mãos de José ao explicar as discrepâncias do pagamento, eu lhe daria um M.D.

De acordo com os especialistas na linguagem corporal da mentira, os mentirosos mostram comportamentos-chave que se desviam das respostas confiáveis (BURGOON et al., 1989). Como José quase sempre falava com as mãos – na verdade, usava gestos falantes profusamente –, o fato de contê-las sugeriu a mentira. Durante décadas, os estudos concordaram que os mentirosos usam menos movimentos corporais e faciais, e bem menos movimentos das mãos, em situações mentirosas, se comparados a situações em que a verdade é dita (VRIJ et al., 1997). A fisionomia repentinamente impassível e as mãos paralisadas de José o denunciaram, e eu o flagrei numa mentira digna de anotação no meu diário. Para observar a vida selvagem, vá para o Serengueti. Mas, para observar as pessoas, nada melhor para um antropólogo do que o local de trabalho.

***

As mãos – seus gestos, formas e movimentos – são grandes comunicadoras no trabalho. Os pulsos, as palmas e os dedos merecem a mais dedicada atenção. Neste capítulo, vimos como as mãos podem ser usadas para fortalecer ou enfraquecer uma discussão, ajudar ou atrapalhar a compreensão à mesa, revelar ou ocultar a verdade nas reuniões. No próximo capítulo analisaremos os ombros, geralmente partes do corpo ignoradas, porém com revelações inusitadas – e certeiras.

5
As nuanças dos ombros

> *Todas as vezes em que ouvia "não" no trabalho, eu olhava para os ombros do falante para ver se era uma recusa séria ou se poderia haver negociação.*
> David Givens

Poucas partes do corpo são tão expressivas quanto os ombros. Como veremos a seguir, eles podem transmitir várias mensagens importantes. Os seus movimentos de inclinação, elevação, rotação e flexão têm muito a dizer sobre os sentimentos e estados de ânimo no trabalho – ou no espaço. Em 11 de julho de 1996, enquanto orbitava na estação espacial russa Mir, a astronauta estadunidense Shannon Lucid encolheu os ombros, inclinou a cabeça e gesticulou com as *palmas voltadas para cima* enquanto respondia as perguntas sobre o seu atraso de seis semanas para voltar à Terra. "Sabe [disse ao *Today Show*, da NBC], a vida é assim".

O ato de encolher os ombros na estação espacial mostrou aos espectadores da Terra como Lucid sentia-se impotente a respeito do apuro. Tudo o que podia fazer era esperar. Não havia raiva, ansiedade nem medo no gesto, apenas incerteza sobre quando voltaria para casa e resignação diante do atraso imprevisto. Impotência, incerteza e resignação são significados centrais do encolhimento dos ombros, como foi descrito originalmente em 1872 por Charles Darwin.

Encolher os ombros na vastidão do espaço significa a mesma coisa que encolher os ombros no estado liliputiano de Delaware. No plano terrestre, pense no encolher de ombros em 12 de abril de 2006 na Câmara dos Deputados de Delaware. Após ouvir argumentos de médicos e advogados opositores, o Comitê de Seguro, Bancos e Desenvolvimento Econômico da Câmara votou 5 a 5 numa proposta para aprovar um projeto de lei sobre imperícia médica a ser considerado por toda a Câmara. Como o empate significava que a proposta havia sido derrotada, a presidente do comitê, Donna Stone, percebeu o resultado e adiou a sessão.

Mas, quando os deputados deixavam a assembleia, o líder da situação, Wayne Smith, que apoiava o projeto de lei, apressou-se em tentar salvar o dia. Smith estava acompanhado de uma eleitora atrasada, que chegara na última hora – a deputada Pam Thornburg – e que poderia acabar com o empate simplesmente apresentando-se como atrasada. De acordo com o repórter da AP, Randall Chase, "Stone encolheu os ombros e disse a Smith que a sessão havia sido adiada, mas não ofereceu resistência quando Smith lhe pediu para deixar Thornburg assinar o projeto de lei e permitir a sua aprovação".

Os ombros visivelmente encolhidos de Stone naquele dia significavam duas coisas: Primeiro, como os ombros encolhidos da astronauta Lucid no espaço, Stone mostrou não verbalmente o seu desamparo e impotência para reconsiderar o voto. Segundo, no contexto do seu inesperado encontro com o líder da situação, os ombros de Stone sugeriram incerteza e dúvida suficiente sobre ceder à pressão de Smith para que permitisse o voto tardio de Thornburg. Graças, em parte, a um sinal de ombros encolhidos, a proposta foi aprovada.

"Quando um homem deseja mostrar que não pode fazer algo, ou impedir que algo seja feito, costuma erguer os ombros com um movimento rápido", Charles Darwin escreveu (DARWIN, 1872: 264). Hoje, encolher os ombros significa um sinal conhecido de resignação, incerteza e dúvida. Nos negócios, "Sim, tenho certeza" dito com os ombros erguidos significa "Não tenho tanta certeza" ou "Eu acho". Quando Donna Stone disse: "A sessão está adiada", seus ombros acrescentaram um "talvez".

Nuança é uma expressão sutil de significado, sentimento ou tom emotivo. Erguer, flexionar ou alçar os ombros acrescenta dúvidas sutis às palavras. Na sessão da Câmara de Delaware, as nuanças dos ombros de Donna Stone foram um estudo de caso na política corporal de fechar um negócio.

Lendo os ombros encolhidos

Em meu trabalho de consultor de comunicações, a leitura dos ombros permitiu-me avaliar a gravidade do "não" de um cliente. O *não* geralmente é uma resposta negativa dada para expressar recusa, negação, descrença ou desacordo. É uma palavra antiga originária do vocábulo indo-europeu *ne*, de 7.000 anos, que significa "não". Uma expressão informal para a negação enfática comum no trabalho hoje em dia é "nem pensar!" Mais firme do que um simples *não*, "nem pensar!" jamais é dito com os ombros encolhidos.

Todas as vezes em que ouvia "não" no trabalho, eu olhava para os ombros do falante para ver se era uma recusa séria ou se poderia haver negociação. Como no caso da deputada Stone, quando eu via os ombros se flexionarem para frente ou levantarem, ainda que discretamente, eu sabia que o *não* era um *talvez*.

Como o encolher dos ombros é ligeiro e geralmente difícil de ver, você precisa prestar muita atenção. Encolher os ombros é alçar, levantar ou flexionar um ou ambos os ombros para a frente. O gesto é um sinal conhecido de incerteza emocional. Sinais de encolhimento dos ombros podem modificar, contradizer ou negar os comentários verbais. Como observamos, se acompanhar a declaração "Sim, tenho certeza", o ombro erguido sugere: "Não tenho tanta certeza".

Os ombros encolhidos têm uma interessante relação com a palavra "apenas", como em "Eu não sei por que peguei o dinheiro – eu apenas peguei". Nesse sentido, "apenas" transmite uma sensação de incerteza em relação ao motivo. A palavra também conota "simplesmente", como em "Simplesmente uma coceira". Esses aspectos diminutivos da palavra estão em consonância com o aspecto de contração e curvatura de todas as demonstrações de encolhimento dos ombros.

Encolher os ombros em uma reunião sugere que um colega pode estar minimizando a sua sugestão ou ideia nova, desprezando a sua importância. Isso pode ser usado por um rival para mostrar aos outros presentes que a sua contribuição tem pouco ou nada a acrescentar. A própria palavra *encolher* (em inglês, *shrug*), que deriva do inglês medieval *shruggen* ("eliminar"), sugere pequenez, assim como outras palavras inglesas iniciadas com *shr-*, como *shrew* (camundongo), *shriek* (som agudo) e *shrimp* (camarão). As palavras iniciadas em *shr-* são gramaticalmente marcadas, dando ideia de pequenez, e geralmente são femininas (GIVENS, 1986). Assim, em uma reunião, um colega pode depreciar as suas ideias simplesmente encolhendo os ombros. Embora a palavra soe fonética e esteticamente pequena, o gesto em si faz um estrago.

Detectar o encolher dos ombros é de grande valia ao perguntar sobre prazos. Como os prazos de trabalho são sempre apertados, é bom ter um sinal legível sugerindo que a data é negociável. Quando trabalhava em uma empresa em Arlington, Virginia, descobri que os prazos eram monitorados e supervisionados pelo departamento de contabilidade. Quando eu tinha problemas para cumprir o prazo, ia à sala de Rhonda, na contabilidade, e perguntava: "Pode me dar mais tempo?"

Rhonda geralmente respondia: "Não". Mas, se ela encolhesse os ombros ao dizer *não*, eu sabia que existia a possibilidade de prorrogação. Se ela mantivesse os ombros rígidos, eu entendia como um sinal de que não poderia negociar. Como é típico na maioria dos sinais não verbais, Rhonda nunca soube que ela dava pistas. Embora de forma involuntária, os ombros de Rhonda me diziam até onde eu podia ir.

"Todas as vezes em que eu ouvia 'não' em determinado trabalho, eu observava os ombros do falante para ver se existia margem de negociação."

Os ombros do diretor da empresa também eram decifráveis, mesmo de terno. As ombreiras do paletó podem ter mascarado os movimentos de John – os de Rhonda eram mais óbvios sob o tecido leve que vestia –, mas o encolher dos ombros do chefe transparecia quando as ombreiras subiam discretamente. "Quando tenho de entregar o relatório?", eu perguntava. "Na segunda-feira", ele respondia. A menor das elevações indicava que havia margem; se o ombro não se movesse, o prazo era inegociável.

Os músculos *trapézio e elevador da escápula* levantam os ombros. O primeiro, assistido pelo *peitoral maior*, *peitoral menor* e *serrátil anterior*, flexiona os ombros para a frente também. Os ombros são tão emotivos porque, assim como os músculos da expressão facial, o trapézio é controlado por nervos viscerais especiais e emocionalmente sensíveis. Estejam eles no rosto, pescoço ou nas costas, os músculos controlados pelos nervos viscerais especiais agem por impulso. Rhonda e seu chefe não poderiam controlar os ombros.

Encolher os ombros é um dos meus sinais favoritos. Sempre tem algo revelador a dizer. Em minhas notas de campo, eu registro as observações dos outros sobre esse sinal, assim como as minhas próprias observações:

• Por ser representado na indústria do entretenimento, o ato de encolher os ombros chama a atenção e até mesmo comentários. Dizem que os ombros defensivamente encolhidos de James Dean, por exemplo, diferenciaram seu estilo de outras representações mais rígidas dos grandes atores da sua época. O contraste entre o retraimento não verbal de Dean e a imponência dos ombros quadrados de Rock Hudson no filme *Assim caminha a humanidade*, de 1956, por exemplo, é tão dramático que até parece que a postura dos ombros havia sido determinada no roteiro. Mas não foi, pois a postura dos ombros de Dean, de acordo com o diretor de *Sindicato dos Ladrões* (1955), Elia Kazan, era "natural". Dean encolhia os ombros o tempo todo. No mundo do trabalho – especialmente se o seu ramo for o da interpretação – encolher os ombros com frequência faz você parecer vulnerável. E, considerando que parecer vulnerável pode abrir o caminho para ataques verbais, não encolha os ombros na sala de reuniões.

• Na indústria esportiva, entre os jogadores profissionais de golfe, *baseball*, basquete e futebol, o ato de encolher os ombros desempenha um papel curiosamente proeminente. Ao pesquisar a frase "encolheu os ombros" no Google, por exemplo, obtemos um número considerável de anedotas de atletas. Antes de um grande jogo, os jogadores costumam encolher os ombros e dizer aos jornalistas que "apenas precisam ir e jogar muito para vencer". Quando vencem, os ombros encolhidos nas entrevistas depois do jogo também demonstram incerteza e evidente dúvida sobre como conseguiram ter êxito. Assim como nos negócios em geral, há uma grande – embora não reconhecida – dose de sorte no sucesso.

São poucas as profissões em que os colegas são tão honestos sobre o papel da sorte nas vitórias como os atletas profissionais. Até os mais famosos encolhem os ombros ao reconhecer e render-se ao acaso. Em 25 de janeiro de 1998, numa entrevista para o canal NBC Sports conduzida depois que o seu time havia vencido a 32ª Supercopa em San Diego, eu vi John Elway, zagueiro do Denver Broncos, encolher os ombros e dizer: "Eu não acredito". É improvável que você um dia encontre esse nível de honestidade em relação à sorte, ao acaso e ao caráter incerto das possibilidades no seu corretor de ações. Quando o seu corretor escolhe um vencedor, os seus ombros permanecem imóveis como se estivessem confiantes sob as ombreiras do paletó.

• No geralmente belicoso ramo da política nacional, a honestidade total é um bem raro. Como tudo o que é dito pode custar votos, as palavras são escolhidas com cuidado. Porém, embora ocultos sob os paletós e suas ombreiras, os ombros de um político podem ser dignos de confiança, porque contam "a verdade nua e crua". O candidato pode ser versado em oratória e debates, mas os seus ingênuos e incultos ombros apoiarão – ou repudiarão – os pronunciamentos públicos. No mundo do trabalho, em geral, os ombros são canhões anatomicamente livres que dizem o que sentem vontade.

Em suas desculpas públicas transmitidas pela televisão em 9 de setembro de 1998, em Orlando, Flórida, eu vi o ex-presidente dos Estados Unidos, Bill Clinton, encolher os ombros enquanto dizia: "Fiz o que pude para ser seu amigo. Mas eu também decepcionei você, decepcionei minha família e decepcionei este país". Sem instrução alguma, os ombros de Clinton curvaram-se ao público, admitindo o seu caso inconveniente com a estagiária da Casa Branca, Monica Lewinsky. Foi um caso inusitado de congruência entre discurso político e linguagem corporal. Os dois costumam estar em contradição, mas, naquele dia de setembro em Orlando, tanto os ombros quanto o discurso de Clinton falaram a verdade.

As minhas notas de campo também incluem observações sobre gente comum. Não importa se você trabalha na Microsoft, Boeing ou GE, depois de ler este capítulo você perceberá que os seus colegas levantam os ombros como as crianças. Embora o vocabulário e a dicção melhorem com a idade e a escolaridade, os ombros permanecem bastante incultos por toda a vida. Eles fazem o que querem sem remorso nem reflexão.

• Ao responder a pergunta do pai – Você tem dinheiro para o almoço? –, o ombro esquerdo do filho ergue-se discretamente: "Sim". O pai retruca: "É melhor verificar". Ao responder ao chefe – "Já terminou a coluna do boletim?" –, o ombro direito da gerente levanta. O chefe responde: "Você consegue terminar até amanhã?" Ainda que a criança ou a gerente, mais velha e mais sabida, não tenham percebido, os ombros falaram por elas.

- Dobrando a cintura para a frente num tipo de reverência corporativa, com a cabeça inclinada em cerca de 10cm, um diretor financeiro espiou pela porta do chefe e alçou os ombros enquanto pedia com brandura: "Eu poderia falar com o senhor?" O pedido do diretor foi o mais lisonjeiro que eu já vi em qualquer empresa, e eu o incluí no meu caderno de anotações. Ao mesmo tempo em que a belíssima sala e a imponente mesa do chefe pareciam dizer: "Eu sou o grande e poderoso Oz", os ombros do diretor pareciam responder: "Eu sou a pequena e dócil Dorothy". Não tendo passado de dois segundos, a reverência do diretor deu certo e ele foi autorizado a entrar.

Ombros encolhidos

O ato de encolher os ombros foi observado em nosso primo primata, o babuíno sul-africano, como um sinal de medo e incerteza, e como uma reação deflagrada pela reação de susto (HALL & DEVORE, 1972). Nos macacos, micos e humanos, o gesto de encolher os ombros originou-se de um antigo *encurvamento* protetor mediado pelas vias neurais, objetivando a curvatura do corpo e a fuga por meio de flexão. O encurvamento vertebrado, usado há milênios, consiste em movimentos de dobra com o fim de afastar o animal do perigo. Sendo um ato reflexo controlado pela medula espinhal, dobrar o corpo afasta-o dos perigos, encolhe-o de forma a reduzir a área da superfície exposta e deixa o corpo visivelmente "menor" a quem o vê.

O encurvamento é uma *resposta esquiva* que é originalmente tátil. O reflexo flexor (de dobra) da postura de encurvamento é tão primitivo que é visto até mesmo em peixes imaturos e larvas de anfíbios. O estímulo na pele dessas criaturas simples causa movimentos de dobra que vão de um lado ao outro e que, no mundo aquático, afastam-nos dos perigos sinalizados pelo toque.

> Movimentos similares de fuga táteis ou de "batida" foram observados em animais invertebrados, como nos nematoides. Agindo por meio de neurônios que controlam o *reflexo de distensão* muscular, o corpo da minhoca, como o nosso, curva-se automaticamente para fugir do perigo. Quando nos encolhemos, os nossos próprios ombros incorporam esses antigos movimentos defensivos de encolhimento – derivados do reflexo protetor de fuga tátil – num gesto visível a todos. Aquele encolhimento é tão incrivelmente primário que não temos consciência dele.
>
> A deflagração de emoções para os sinais de encolhimento dos ombros provém da amídala no cérebro anterior (LeDOUX, 1995, 1996) e dos gânglios basais (ou "centro réptil"; MacLEAN, 1990). Sentimentos submissos expressam-se nas contrações musculares coordenadas destinadas a curvar, flexionar e girar partes do esqueleto, "encolher" o corpo e mostrar uma postura discreta e inócua. Os movimentos do complexo de encolhimento foram criados para a defesa, não para o ataque, para autoproteção no mundo físico – assim como autoproteção no mundo do trabalho, onde habitamos das 9 às 17 horas.

A reverência extrema

Já vimos que, como sinal não verbal de comunicação no trabalho, encolher os ombros sinaliza vários significados, sentidos e conotações. Esse ato tem muitas nuanças e, em reuniões presenciais, pode mudar sutilmente – e, em alguns casos, radicalmente – o significado das palavras faladas. Assim como os temperos culinários, encolher os ombros pode acrescentar uma pitada de dúvida, uma dose de retraimento, um pouco de repúdio ou um aroma de indiferença ao diálogo vocal.

O significado principal do ato de encolhimento é a fuga física – dobrando-se ou encurvando-se. Quando visto no trabalho, o ato de encurvar-se demonstra que o corpo está se protegendo da exposição social. O corpo naturalmente criará distância e sairá de perto daqueles que representem ameaça. O diretor financeiro que se curvou com a cabeça abaixada na porta do chefe estava se protegendo da possibilidade de recusa, de não ser convidado a entrar na toca do chefe. "Estou ocupado agora", o chefe poderia retrucar, impaciente. Então, a reverência do funcionário já pede desculpas antecipadamente: "Por favor, deixe-me entrar, senhor". Eu chamei isso de reverência corporativa, mas abaixar visivelmente a cabeça numa curvatura transmite a mesma mensagem, seja ela uma curvatura obediente, uma reverência ou inclinação da cabeça: "Não quero lhe fazer mal".

Prostrar-se em reverência significa demonstrar um estado de deferência afetada. Sem consciência, o nosso corpo pode se curvar ao encontrar ou cumprimentar o chefe no corredor, falar numa reunião de equipe ou encontrá-lo por acaso na lanchonete da empresa. Os ombros se alçam, a cabeça inclina-se para o lado e as palmas voltam-se para cima em deferência para indicar uma sutil persuasão gestual. O ato é neurologicamente programado e acontece de forma totalmente inconsciente. Não se surpreenda, porém, se o chefe não encolher os ombros também. Os grandes e poderosos geralmente reverenciam somente os diretores, não os funcionários de hierarquia mais baixa.

A palavra *reverência* (em inglês, *kowtow*) provém de duas palavras em mandarim: *kòu*, "bater" e *tóu*, "cabeça". Prostrar-se em reverência é ajoelhar-se e tocar o chão com a testa em submissão, respeito ou culto. Assim como encolher os ombros, o significado principal é curvar-se de forma a afastar-se do perigo apresentado por forças superiores. O encurvamento é o tema comum da reverência, do *salaam* hindu, da genuflexão católica, da postura de oração islâmica, assim como do encolhimento corporativo de ombros na sala de reuniões. A curvatura também é o tema da reverência mais extrema do mundo: o *poussi-poussi* africano.

O *poussi-poussi* é uma forma extrema de curvatura praticada pelo povo mossi, em Burkina Faso, na África. Observe a duplicação das sílabas, que dá um sentido diminutivo, de "pequenez" ao vocábulo mossi. No *poussi-poussi*, a pessoa tira os sapatos e quaisquer adornos da cabeça (que aumentam a altura), senta-se com as pernas dobradas para um lado, abaixa o corpo e bate no chão (COLLETT, 1983). Os olhos podem voltar-se para baixo, as palmas podem virar para cima e pode-se jogar terra na cabeça nessa demonstração, que é a mais tímida de todas. É difícil imaginar o *poussi-poussi* num cenário de trabalho moderno, a menos que um colega esteja rastejando para conseguir um aumento.

Um encolhimento vocal

Como mencionamos antes, ao pedir uma prorrogação de prazo à sua chefe para o seu próximo projeto, preste atenção ao seu tom de voz. Se ela disser "sexta-feira" com uma voz profunda, ao estilo Martha Stewart, então será na sexta-feira. Você verá ombros imóveis e fixos acompanhando a resposta autoritária.

Mas se ela disser "sexta-feira" com uma voz mais leve, ao estilo Katie Couric, provavelmente você poderá pedir mais tempo. É possível que você veja os ombros flexionados ou erguidos acompanhando essa resposta mais simpática e de voz mais suave.

Há bons motivos para a correlação entre os movimentos dos ombros e os tons de voz. Ombros encolhidos e suavidade vocal andam juntos, assim como andam juntos os ombros rígidos e a dureza da voz. Os músculos que controlam o encolher dos ombros (trapézio superior) e a qualidade vocal (pequenos músculos da laringe) são controlados pelo mesmo nervo craniano (craniano XI, um nervo visceral especial).

No trabalho, observe e ouça essa congruência entre os movimentos dos ombros e tons vocais mais leves. Você será um melhor observador – e ouvinte – dos sinais do trabalho.

O encolhimento enganoso

O *American Heritage Dictionary* define o encolhimento dos ombros como "um gesto de dúvida, desdém ou indiferença" (SOUKHANOV, 1992: 1.673). Realmente é um gesto cheio de significados, e agora acrescentaremos mais um: no mundo empresarial, encolher os ombros também pode ser um sinal de mentira.

Jim gerenciava os *backups* dos computadores na assistência técnica de uma empresa estadunidense de médio porte. No fim de um dia de trabalho, o seu colega Opie foi à sala de Jim e pediu que ele recuperasse alguns *backups* do banco de dados para o servidor da empresa. Quando ele perguntou a Opie o que havia acontecido nos arquivos do banco de dados, Jim contou que Opie "encolheu os ombros, dizendo que de alguma forma ele havia corrompido o banco de dados e queria restaurá-lo com o *backup*" (ANÔNIMO, 2009).

Por que Opie encolheria os ombros precisamente naquele momento? A expressão "de alguma forma" poderia soar como um elemento de dúvida, o que poderia fazer com que os ombros se encolhessem. Porém, Jim logo descobriria que os ombros encolhidos de Opie não eram um sinal de incerteza, mas de mentira.

Duas semanas depois da visita de Opie à sala de Jim, outro colega, Taj, telefonou para pedir que Jim fizesse o *backup* daqueles mesmos arquivos para o mesmo servidor. Instantes depois de fazer o *backup* para Taj, este telefonou de novo para perguntar se Jim havia recuperado os arquivos. Depois de informar que havia acabado de fazer isso, como solicitado, houve um "silêncio momentâneo" e então, parecendo um pouco irritado, Taj disse que havia encontrado um problema no seu banco de dados. Um encontro pessoal era iminente. "Eu vou aí", Taj disse.

"Ele entrou na minha sala alguns minutos depois, claramente irado. 'Quando Opie pediu para você começar a fazer o *backup* para este servidor? Foi Opie, não foi?' Eu lhe disse que o pedido havia sido feito algumas semanas antes. Ele me olhou por um momento, depois girou nos calcanhares e saiu. Sentindo que alguma coisa estava prestes a acontecer (e que o meu nome poderia estar envolvido), eu o segui", relatou Jim (ANÔNIMO, 2009). O encolher de ombros de Opie claramente não indicava dúvida (o motivo usual desse gesto), mas sim de retenção de informações. Parecia que Opie tinha algo a esconder.

Um segundo encontro aconteceu. Apontando o dedo acusador para Opie, Taj lhe disse que sabia que foi ele quem havia mexido em seu banco de dados. O banco de dados em questão pertencia oficialmente a Taj, e a intromissão de Opie havia provocado a perda de todas as atualizações de seus arquivos. "Opie reclinou-se em sua cadeira, com os braços cruzados", Jim descreveu, "e ficou calado, apenas balançando-se na cadeira. Taj olhou para mim, como se estivesse pedindo ajuda, e eu encolhi os ombros, dizendo: 'Eu apenas faço os *backups*'" (ANÔNIMO, 2009).

"Quando o homem deseja mostrar que não pode fazer algo ou evitar que algo seja feito, costuma alçar ambos os ombros com um movimento rápido." A observação de Charles Darwin é tão presciente que eu a cito de novo. Publicadas em 1872, suas palavras descrevem perfeitamente o comportamento de Jim. Mais de um século atrás, Darwin foi o primeiro a captar a sensação de "impotência" no sinal de encolher os ombros. O ato de encolher os ombros de Jim, 137 anos depois, transmitiu uma mensagem clara de que, em seu trabalho de gerente de *backups*, ele nada pôde fazer para impedir que Opie apagasse o trabalho de Taj.

Numa quarta reunião presencial, o diretor de TI da empresa reuniu-se com os três envolvidos para resolver o conflito. Opie foi considerado culpado por pirataria entre empresas, por tentar roubar o projeto de Taj, fazendo *backups* fraudulentos e copiando o seu próprio trabalho sem autorização para o servidor. Opie não foi demitido por sua sabotagem, mas, daquele dia em diante, nunca mais recebeu outros trabalhos da empresa.

Embora o motivo de Opie para causar o prejuízo digital nunca tenha sido totalmente explicado, o significado do seu ato de encolher os ombros – e o de Jim – ficou evidente. Embora o ato parecesse o mesmo, cada um tinha o seu significado. Jim expressou o clássico sentido darwiniano de impotência – "Eu apenas faço os *backups*". Opie sinalizou mentira. Quando questionado por que precisava de *backup*, Opie não falou a verdade. "Preciso sabotar o banco de dados do meu colega". Uma resposta sincera não atenderia aos seus objetivos, então ele tinha de inventar uma rapidamente. "De alguma forma eu corrompi o meu banco de dados", foi o que saiu. Mentalmente, é mais difícil inventar uma mentira do que dizer a verdade. O ato de encolher os ombros mostrou a incerteza de Opie sobre a história.

O doce "por que não?"

Quando a pergunta retórica "Por que não?" é pronunciada na reunião, geralmente vemos a cabeça do falante inclinar-se para o lado, as palmas voltarem-se para cima e os ombros serem erguidos. Todos os três movimentos corporais são partes da demonstração mais ampla de encolhimento dos ombros de Darwin, que também pode incluir lábios distendidos, joelhos flexionados (torção tibial) e os pés voltados para dentro. No "Por que não?", as partes que compõem o encolhimento dos ombros demonstram incerteza em relação ao motivo.

Em outubro de 2008, o diretor do Borders Book Festival, Alistair Moffat, criou coragem para convidar a querida colega, Dame

Joan Bakewell, para participar da sua próxima conferência em Melrose, Escócia. O evento de gala estava programado para junho de 2009. "Perguntei se ela estaria interessada em vir ao nosso festival e, para a minha alegria, ela encolheu os ombros e disse: 'Sim, por que não?'" (KEDDIE, 2009).

Moffat, o empresário, sabia que o nome de Dame Bakewell ajudaria a aumentar o público e o lucro da conferência. A proposta à proeminente jornalista, personalidade da TV britânica e autora de *The Centre of My Bed* (2005), seria uma tentativa sem resultados previstos. Ela era uma pessoa muito importante, estrela da BBC e "a voz dos idosos" oficial do Reino Unido. Então, ele arriscou, fez a proposta e logo conseguiu uma resposta positiva. Fez o pedido e ela aceitou.

"Sim", Dame Bakewell emitiu ao mesmo tempo em que encolhia os ombros, "por que não?" Mas o que a fez qualificar a palavra "sim" com um "por que não", criando uma nuança com os ombros encolhidos? Eu não presenciei o encontro entre Moffat e Bakewell, mas sugiro que eles podem ter trocado um número significativo de sinais de *quase paquera*.

O conceito de "quase paquera" foi introduzido em 1965 pelo psiquiatra Albert Scheflen como um termo definindo a paquera direcionada a fins não sexuais. A linguagem corporal da quase paquera é parecida com aquela da versão sexual – sorrisos animados e gargalhadas, olhar fixo, a cabeça inclinada para o lado, jogar a cabeça para trás e, sim, ombros encolhidos –, porém o seu objetivo é fazer negócios, não amor. Em meu trabalho de consultor, é frequente ver a quase paquera nas empresas, onde é usada para obter concordância e tornar o dia de trabalho mais agradável através da metáfora de um arremedo de flerte.

Nascida em 1933, Dame Joan Bakewell teve uma carreira marcada por sinais públicos de sexualidade e sedução. Vestia roupas muito curtas quando era jovem, teria vivido um relacionamento de sete anos com um famoso dramaturgo, produziu programas de TV sexualmente explícitos e era chamada de "pedaço de mau caminho". Levando em conta as características profissionais de Dame Bakewell, eu decodificaria o encolher de ombros dela diante de Alistair Moffat como um sinal de ambiguidade em relação ao motivo. Apesar da diferença de idade (Moffat nasceu em 1950), a excitação da paquera provavelmente estava presente em seu encontro de 2008. Foi uma quase paquera, é claro, não uma paquera propriamente dita, mas eu especulo que isso possa ter aberto o caminho para a resposta positiva dela.

Os ombros em ação no verdadeiro romance profissional

A linha que separa a quase paquera da verdadeira paquera no trabalho geralmente é clara. Muitos dos sinais de linguagem corporal são os mesmos, mas eles tendem a ser mais exagerados na versão sexual da paquera. No que tange aos ombros, as suas mensagens podem ser tão claramente românticas que todos na empresa perceberão quando um casal está apaixonado. Consultando as minhas notas de campo, lembro-me de ter visto um homem e uma mulher na Starbucks flexionando, mexendo e girando os ombros na paquera, em meio a xícaras de café com leite. Analisando somente os ombros, a atração sexual era visível. Se você vir esse tipo de comportamento na lanchonete da empresa, poderá estar testemunhando o florescer de um romance no trabalho.

Em *Love Signals* incluí uma seção chamada "Os ombros falam":

> Os ombros, esse par de escápulas que conecta os braços ao torso, são considerados atraentes no mundo todo. O seu formato horizontal e anguloso imprime à estrutura humana a sua silhueta retangular característica. Os mús-

culos deltoides arredondados dos braços suavizam a angulosidade com seu contorno curvilíneo. Essas conspícuas partes do corpo são destacadas com ombreiras que enfatizam a respiração, blusas tomara que caia e mangas bufantes que mostram a curvatura dos deltoides (GIVENS, 2005: 149).

Ao passo que encolher os ombros no contexto das reuniões de negócio demonstra incerteza, na paquera demonstra e sugere retorno. Também em *Love Signals*: "Os ombros submissamente erguidos convidam o parceiro a se aproximar. O sinal revela a improbabilidade de a pessoa recuar, desviar ou repudiar o avanço. Flexionamos e erguemos os ombros inconscientemente diante de quem gostamos" (GIVENS, 2005: 46).

Apesar das várias mensagens cheias de nuanças transmitidas e recebidas no trabalho, os ombros raramente constam dos estatutos da empresa. Nem é provável que você participe de treinamentos, palestras ou seminários via internet sobre o seu significado na empresa. Com a mesma carga de significado de quaisquer palavras escritas em memorandos e minutas, os ombros indicam emoções, sentimentos e estados de ânimo. Leia-os com atenção para monitorar incertezas ou dúvidas não verbalizadas. Quando a certeza das palavras contradisser os ombros, confie nos ombros. Controlados por centros cerebrais mais antigos do que aqueles da fala, os movimentos dos ombros são mais confiáveis e revelam melhor o estado de espírito. Eles aumentarão a sua inteligência emocional no trabalho – se você observá-los.

***

No próximo capítulo vamos em direção ao norte para decodificar outra característica surpreendentemente expressiva: o cabelo.

Ao contrário dos ombros, que geralmente se escondem sob a roupa, o seu cabelo está sempre exposto ao público, continuamente em evidência durante todo o dia. O cabelo está sempre à mostra. O que o seu cabelo diz sobre você no trabalho?

6
Currículo capilar

No trabalho, o cabelo é o seu currículo. Da mesma forma que o seu currículo escrito é um resumo do seu histórico e qualificações profissionais, o seu cabelo fornece um rápido resumo visual da sua situação, posição e função no trabalho. Enquanto o seu currículo escrito fica escondido numa gaveta, o seu penteado é exibido em todos os dias de trabalho da sua vida. Se as suas mãos, ombros e olhos têm muito a dizer, o seu cabelo, por nunca estar escondido atrás de uma tribuna ou sob a mesa, fica em evidência contínua ao longo do dia. O cabelo é o protagonista na empresa, evidenciando o seu sexo, idade, qualificações e relacionamentos. Mais do que uma descrição escrita, o estilo, a cor, a forma e o brilho do seu cabelo definem você imediatamente.

Isso certamente se aplica ao *showman* Donald Trump, cujo peculiar penteado puxado para a frente já foi comicamente descrito como "inacreditável" e "estranhamente hipnótico". O cabelo de Trump "fica nas nuvens", afirma Ouidad, proprietária do Salão Ouidad, em Manhattan. "É excessivo em tudo", diz a cabeleireira, além de acrescentar que as madeixas em cascata de Trump parecem uma aba caída sobre o rosto. Quando questionada sobre uma sugestão, Ouidad disse que cortaria a longa mecha e apararia a parte de cima (OLDENBURG, 2004).

Um corte radical nesse cabelo monumental, porém, transfiguraria tanto o currículo de Trump que ele deixaria de ser quem é, "Donald Trump". O cabelo é a sua marca registrada, tão conhecida que a peruca de Donald Trump já foi uma das fantasias de Halloween mais vendidas. O cabelo penteado para frente é loquaz sobre a personalidade de Trump. Ele não sobreviveria a uma entrevista de emprego com tais madeixas indiscretas – o cabelo literalmente superaria o homem –, mas, para um empresário da sua estatura, o penteado cria uma impressão marcante.

O cabelo de Trump é tão idiossincrático que chega a violar a primeira regra da identidade corporativa: "Faça parte da equipe." Com um cabelo assim, você é a sua própria equipe individual. Até que você seja o chefe, o seu penteado representa mais um crachá de associação corporativa. Se trabalhar para a Microsoft em Redmond, Washington, use o penteado "Microsoft". Se trabalhar para o *The Stranger*, um jornal alternativo do outro lado do Lago Washington, em Seattle, use o penteado "*The Stranger*". Não verbalmente, o cabelo profissional tem o objetivo de ser como os outros.

A maior influência nos penteados corporativos desde 1960 é a mídia. Nos anos 1960, o cabelo masculino cheio e fora dos padrões tornou-se popular graças às imagens de TV dos Beatles. Na década de 1970, o cabelo feminino liso e longo foi popularizado pelas imagens de TV da cantora americana Joan Baez, cujas tranças escuras contrastavam com os estilos mais curtos e de permanente da época. Nos anos 1980, o cabelo louro e levemente desgrenhado da cantora pop Madonna popularizou um estilo mais sexy do que o de Marilyn Monroe, na década de 1950. Nos anos 1990, os anúncios de TV do jogador do Chicago Bulls, Michael Jordan, popularizaram a cabeça raspada, já usada pelo ator Yul Brynner no filme *O rei e eu*, de 1956. Nos anos 2000, a cabeça raspada e o cabelo muito curto apresentaram-se como alternativas para os homens no trabalho.

Para as mulheres de hoje, o cabelo curto e com reflexos do ícone da mídia e empresária Martha Stewart é um padrão popular. George Caroll, estilista de Hollywood, caracteriza o estilo de Stewart como simplicidade combinada com um toque de dramaticidade. O visual empresarial de Martha caracteriza-se por camadas a partir do topo da cabeça até a altura das bochechas, repartido de lado. Ao repartir o cabelo do lado direito, Stewart acrescenta um pouco da mística de Veronica Lake, que deixava as madeixas cobrirem parte do olho esquerdo.

O cabelo e a barba desempenham um papel poderoso, porém curioso, no trabalho. Ele nos faz pensar por que, em plena era da Microsoft, do Google e da internet, o cabelo ainda é e permanecerá um meio potente de expressão. A resposta, nós veremos, remonta à evolução e é milhões de anos mais antiga do que a eletrônica. Por sermos mamíferos peludos, fomos programados geneticamente para observar o cabelo dos outros e avaliar a sua saúde, cuidado consigo mesmo e situação. A sensibilidade ao cabelo no trabalho é mediada por antigos circuitos neurais conectados ao antigo cérebro mamífero de nossa espécie.

O que há de errado em ter cabelos chamativos no trabalho? Qual deve ser o tamanho das costeletas? O que a franja diz sobre competência? O que a barba diz sobre o nível perceptível de credibilidade de um homem? Por que o cabelo é tão expressivo na área de entretenimento e tão sem graça em Wall Street? Há explicações na antropologia, biologia e neurologia às quais podemos recorrer. E o que o seu cabelo diz sobre você no trabalho?

O fascínio pelo cabelo
O fascínio pelo cabelo tem profundas raízes biológicas (por assim dizer) em nosso passado mamífero. No trabalho, perdemos um tempo inusitado observando, monitorando e comentando o cabelo

dos colegas – ou a falta dele. Isso ocorre porque somos mamíferos peludos para quem o cabelo bem arrumado é sinal de saúde e boa condição. Esse equivalente biológico das escamas, penas e pelos não apenas mantém a nossa cabeça aquecida e seca, como também protege a caixa craniana da incidência solar direta. O cabelo já serviu de camuflagem para ajudar os nossos ancestrais a se misturar à paisagem natural. Atualmente, o cabelo nos ajuda a nos misturar na cena empresarial também.

O cabelo é feito de uma proteína resistente e insolúvel chamada de *queratina*, e é um sinal importante que diz muito sobre a pessoa que o possui. A proximidade ao rosto faz do cabelo um índice mais importante da personalidade do que os sinais revelados por outros órgãos queratinosos do corpo, como as unhas das mãos e dos pés, ou o cabelo nos braços e nas pernas. A sobrancelha e os cílios também são sinais indicativos, mas, quando comparados ao cabelo na cabeça, são sinais de identidade menos importantes.

No mundo todo, os antropólogos encontraram ligações mágicas percebidas entre o cabelo da cabeça e os respectivos povos. As culturas indígenas da Austrália à Zâmbia acreditam que possuir uma mecha de outra pessoa concede poderes mágicos sobre ela. Entre os índios norte-americanos, os guerreiros Huron, Mohawk e Iroquois arrancavam o couro cabeludo de quem derrotavam na guerra. No mundo moderno, a limpeza do cabelo tornou-se um emblema significando a disposição de alguém de comprometer-se com os negócios para o bem da firma. Cortes de cabelo regulares contribuem com a dinâmica de disciplina da equipe.

Em 2008, a grande fabricante estadunidense de figurinhas Upper Deck Company LLC, de Carlsbad, Califórnia, começou a vender fios de cabelo plastificados extraídos de figuras históricas famosas, como Abraham Lincoln, Babe Ruth, Jackie Kennedy e o líder apache Geronimo. A maioria dos fios provinha da coleção de cabelos autênticos do grafólogo John Reznikoff. Anunciado no eBay em novembro de 2008, o pedaço de um anel do cabelo de Lincoln foi vendido por $24.000. O fato de um valor tão alto ter sido pago atesta a magia do cabelo. Uma amostra da unha de um dos dedos do 16º presidente não teria arrecadado tanto.

> **Mulheres: Cuidado com as plumas espalhafatosas**
>
> Como o ambiente de trabalho requer que você aparente ser mais séria do que de fato é, evite vestir plumas.
>
> "Há certas peças que são tão sensuais, femininas e impraticáveis que não dá para deixar de adorá-las", escreve a jornalista especializada em moda, Samantha O'Neill. "Isso acontece com as plumas, elas são um ornamento frívolo, não têm outro objetivo além de serem soberbas" (O'NEILL, 2008).
>
> As plumas formam a vistosa plumagem decorativa dos pássaros. Como lembram o cabelo humano, plumas usadas no trabalho sugerem ostentação, como um cabelo chamativo. É adorável admirar as plumas, mas elas são extravagantes, sensuais e ousadas demais para o trabalho. De acordo com O'Neill, as plumas simbolizam uma atitude petulante e escapismo.
>
> O auge das plumas na moda feminina aconteceu de 1905 a 1914, décadas antes de várias mulheres terem ido trabalhar fora. Foi o período da febre das plumas de avestruz, quando os chapéus, vestidos e sapatos femininos – de Nova York a Paris – ostentavam plumas de avestruz berbere, da África (STEIN, S., 2008). Quando a 1ª Guerra Mundial começou em 1914, as plumas saíram de circulação, já que a austeridade extinguiu a frivolidade anterior.
>
> Plumas esvoaçantes são agradáveis e macias, mas transmitem a mensagem errada no trabalho. Elas podem fazer uma mulher séria parecer leviana.

Um caso de cabelo narcisista

Pagar milhares de dólares por um fio de cabelo pode parecer estranho. Porém, igualmente estranho é pagar $1.250 por um corte de cabelo. Assim como o fio é um sinal indicativo da pessoa, o custo de um corte de cabelo pode ser um índice de narcisismo no ambiente de trabalho. Lembre-se da mitologia grega, em que Narciso, depois de desdenhar do amor de muitas, inclusive da ninfa Eco, foi condenado por Ártemis a apaixonar-se pelo próprio reflexo no lago. Depois de fracassar ao fazer com que a imagem refletida correspondesse ao seu amor, o jovem consumiu-se e transformou-se numa flor que hoje tem o seu nome – o narciso.

A maioria de nós analisa o cabelo no espelho antes de sair para o trabalho e olha para ele em outras vezes durante o dia. Isso não faz de nós narcisistas. Mas aqueles que se olham excessivamente no espelho despertam o espectro do Transtorno da Personalidade Narcisista, ou NPD.

Uma arrumação excessiva do cabelo em frente ao espelho foi flagrada e exibida num divertido vídeo no *site* YouTube.com em março de 2007. No vídeo, John Edwards – então candidato a presidente dos Estados Unidos – ajeitava repetidamente as madeixas em frente a um espelhinho, ao som de "I Feel Pretty". O olhar de Edwards fixava-se no cabelo enquanto ele tocava, ajeitava e mexia nas madeixas sem parar, usando as papilas táteis das pontas dos dedos para escovar suavemente o cabelo para trás. Foi uma pista reveladora do que aquele homem realmente pensava a respeito de si mesmo e um prenúncio das coisas ruins que viriam à tona em sua carreira política.

A preocupação excessiva de Edwards com o cabelo foi um pequeno, porém significativo, sinal da sua vaidade oculta e seu orgulho exagerado. Ao falar, no palanque, John Edwards descrevia a si mesmo como um defensor dos fracos e oprimidos. Porém, em suas atitudes, ele parecia gostar de desempenhar o papel de maioral. A preocupação excessiva com a aparência do cabelo pode não ter sinalizado um NPD completo, mas mostrou que ele de fato levava a própria imagem muito a sério. Para Edwards, o cuidado excessivo com o cabelo sugeria um homem que justificaria pagar não apenas dezenas, como os fracos e oprimidos fazem, mas centenas de dólares por um corte de cabelo para projetar uma imagem de força.

Em entrevista em julho de 2007 ao *Washington Post*, Joseph Torrenueva, cabeleireiro de John Edwards, de Beverly Hills, revelou que um corte de cabelo havia custado $1.250, o que incluiu a passagem aérea de Torrenueva a Atlanta para aparar as madeixas do candidato. "O cabelo dele é bonito [disse Torrenueva]. Eu tento deixá-lo bonito, forte, mais maduro e são essas coisas que nós, especialistas, fazemos" (ANÔNIMO, 2007). O artigo ainda dizia que o cabeleireiro cobrava de $300 a $500 por cada corte, além de passagem aérea, hotel e refeições. Considerando que o custo do corte masculino, naquela época, era cerca de $15, poderíamos dizer que a preocupação de Edwards com as próprias madeixas beirava o narcisismo. Alguns de seus colegas acharam que ele havia passado dos limites.

Para muitos daqueles que exibem sinais narcisistas, a tática não verbal é mostrar sinais positivos para desviar a atenção dos negativos. No caso de John Edwards, o penteado "garoto bonitinho" pode ter mascarado certas tendências de *bad boy*, como a história revelada em 2008 de um caso amoroso ocorrido em 2006 com a sua assessora de campanha. O reconhecimento público de Edwards em 8 de agosto de 2008 do comportamento inadequado a um candidato a presidente tornou-se ainda pior pela situação da sua esposa, Elizabeth, e a sua trágica batalha contra o câncer de mama. O comportamento infiel de Edwards sinalizou que ele não era um homem confiável. Certamente, o fator confiança destruiu as suas chances ao posto político de Barack Obama na Casa Branca. O cabelo peculiar de John Edwards contrariava o seu comportamento.

No mundo do trabalho e da política, os estilos de cabelo exibidos no cargo podem projetar imagens patentemente irreais. Considere o estilo do escuríssimo cabelo do presidente chinês Hu Jintao. Uma foto publicada em 2007 mostrou Hu, de óculos, então com sessenta e quatro anos, com o volumoso cabelo preto repartido do lado esquerdo e penteado para trás. Considerando que, na idade dele, a maioria dos homens exibe ao menos alguns fios cinza, é provável que Hu tenha optado pela "solução chinesa" a fim de transmitir uma imagem capilar de virilidade e juventude.

Em seu artigo no *Wall Street Journal*, "Chefões chineses são rápidos na cor ideal do cabelo", o repórter Jason Leow escreve: "Muito poucos líderes políticos e empresariais da China hoje em dia ficam grisalhos" (LEOW, 2007: A1). Leow observou que até mesmo o antecessor de Hu, Jiang Zemin, com 81 anos de idade, tinha cabelos negros como carvão. Nas empresas dos líderes empresariais chineses, observou Leow, "Quase não existe um fio grisalho nos mais poderosos" (LEOW, 2007: A24).

Contrastando com os chefes chineses, os líderes empresariais e políticos dos Estados Unidos optam pela "solução prateada" para projetar uma mensagem de experiência. O cabelo grisalho demonstra que eles já enfrentaram muitas tempestades e sabem como conduzir os negócios. Além disso, a cor cinza tem precedente na evolução dos primatas. Entre os nossos primos primatas mais poderosos – os gorilas das montanhas da África Equatorial – os líderes de grupo são conhecidos como "gorilas de dorso prateado". Com o passar do tempo, a parte posterior do seu dorso muda da jovem cor negra para sombras de cinza, sugerindo experiência e antiguidade. Os membros dos grupos de gorilas decodificam o imponente pelo prateado no dorso e respeitam o líder grisalho. Ainda que um gorila de dorso prateado pudesse pintar as costas, ele provavelmente não o faria. A solução chinesa não seria uma opção na selva.

Como antropólogo que já observou diversos tipos de cabelo em empresas ocidentais, eu faria os seguintes comentários sobre o cabelo masculino e feminino:

- Use um tipo de cabelo que se enquadre nas normas da sua indústria. A Associação de Pecuaristas de Montana tem padrões diferentes daqueles do Banco Mundial. É mais provável encontrar o visual correto no boletim comercial da sua indústria do que nas páginas da *Esquire* ou *Vogue*.
- Use xampus que acentuem o brilho natural do cabelo. O brilho é um sinal de saúde e boa apresentação. Evite colorações que, embora rejuvenescedoras, deixem o cabelo opaco e façam você parecer menos saudável e forte.
- Não se apresse em esconder os fios brancos. Cortado no estilo certo, tanto em homens quanto em mulheres, o cabelo grisalho dá um ar de autoridade.

O cabelo escreve um memorando

MEMORANDO
PARA: Todos os colegas
DE: Uma executiva
DATA: Hoje
RE: Que mensagem o meu cabelo transmite

1) **"A minha franja diz que sou extravagante e divertida."** "De fato, seja ela rala e curta ou suave e longa, hoje o visual com franja é considerado 'extravagante e divertido', diz o cabeleireiro Frédéric Fekkai, que tem como clientes Ashley Judd e Sharon Stone. Melhor ainda, observa Stephen Knoll, cabeleireiro de Cindy Crawford, 'é uma ótima forma que as mulheres têm de disfarçar as rugas na testa'" (SCOTT, 2000: 129).

2) **"Passei por uma enorme mudança em minha vida."** As mulheres marcam as mudanças de estilo de vida e de profissão com diferentes estilos de cabelo, de acordo com Grant McCracken em seu livro publicado em 1996, *Big Hair: A Journey into the Transformation of Self*.

3) **"Sou segura e extrovertida."** Um estudo da Procter & Gamble coordenado por Marianne LaFrance, da Universidade de Yale, constatou que, nos Estados Unidos, o estilo do cabelo desempenha uma importante função na primeira impressão. Para as mulheres, o cabelo curto e desalinhado transmite segurança e personalidade extrovertida, mas não faz muito sucesso em termos de sexualidade (LaFRANCE, 2000).

4) **"Sou inteligente e engraçada."** O cabelo de tamanho médio e simples sugere inteligência e boa índole (LaFRANCE, 2000).

5) **"Sou sexy e rica."** O cabelo longo, liso e louro projeta sexualidade e poder (LaFRANCE, 2000).

6) **"Você me atrai."** As mulheres podem alisar e correr os dedos pelo cabelo quando estão perto dos homens que as atraem (GIVENS, 2005).

***

PARA: Todos os colegas
DE: Um executivo

1) **"Sou seguro, atraente e narcisista."** Os homens com estilo de cabelo curto e ondulado na frente são vistos como seguros, *sexies* e autocentrados (LaFRANCE, 2000).

2) **"Sou inteligente e rico, porém um pouco provinciano."** O cabelo de tamanho médio e dividido de lado conota inteligência, riqueza e uma mentalidade estreita (LaFRANCE, 2000).

3) **"Sou legal – mas um pouco descuidado."** O cabelo longo projeta o descuido "muito músculo e pouca inteligência" e uma personalidade de boa índole (LaFRANCE, 2000).

4) **"Eu sou o cara."** Cortes curtos e militares demonstram traços de poder masculinos: a parte inferior da testa ossuda, nariz proeminente e mandíbula mais larga (GIVENS, 2005).

5) **"Estou em total renúncia."** De acordo com os antropólogos, em muitas sociedades a cabeça raspada e o cabelo curto simbolizam disciplina, renúncia e conformidade (ALFORD, 1996).

Sinais animais

"O cabelo continua a crescer," escreve o Dr. Mark Miodownik, do King's College London, "lembrando-nos de que a nossa natureza animal está em constante ebulição sob a superfície" (MIODOWNIK, 2008). Nenhum outro lugar evidencia tanto a nossa natureza animal no trabalho do que o rosto de um colega do sexo masculino. No mundo todo, há uma crescente tendência da moda para que os homens de 20 a 30 anos arrumem os pelos faciais em barbas e bigodes geralmente limpos e bem aparados. Hoje em dia os jovens rapazes estão soltando o seu lado animal para quem quiser ver.

Os homens podem projetar "força" com densas *jubas faciais*. A barba alarga opticamente a parte inferior do rosto, enquanto o bigode empurra os cantos dos lábios para baixo, projetando uma aparência mais feroz. No fim das contas, nada mais são do que cabelo, mas, para o cérebro primata, que é muito visual, as aparências são "reais".

Até mesmo em empresas japonesas, onde os pelos faciais são tradicionalmente desaprovados ou banidos, hoje os jovens vão ao trabalho mostrando-os. Em 2008, o vendedor de roupas Ken Miura, por exemplo, de 23 anos, chegou à sua loja com uma peluda juba composta de cabelo castanho-escuro, um bigode fino e um cavanhaque ralo. Ele disse que gostaria de ter uma barba mais cerrada, "Mas não sou tão peludo" (TABUCHI, 2008: B10). Miura faz parte de milhares de homens japoneses que agora vêm experimentando soltar o seu lado animal. Não sendo permitido no passado, os pelos faciais agora vêm se tornando um sinal aceitável de individualidade nos locais de trabalho japoneses.

Nos Estados Unidos, talvez metade de todos os trabalhadores do sexo masculino exiba seus pelos faciais. No Iraque, o bigode é usual, enquanto nas empresas chinesas os pelos faciais são notáveis por sua ausência. No mundo, em cerca de dois terços das sociedades pesquisadas pelo antropólogo Richard Alford, os homens usam barba e bigode. A julgar pelas fotos nos jornais de corretores da bolsa de Nova York, os homens de Wall Street barbeiam-se em sua maioria.

Segundo Alford, "Como o cabelo também nos lembra de nosso parentesco com outros animais, a sua remoção costuma ser explicitamente explicada como uma forma de afirmar o fato de estarmos separados dos animais" (ALFORD, 1996: 7). Como também sou antropólogo, acho a maior exibição do lado cabeludo no trabalho uma tendência fascinante. Ela sinaliza uma mudança do "nós" corporativo, talvez mais extremo em empresas japonesas, para o "eu" individual tipificado nos Estados Unidos.

Como observou Victor Hugo, autor do *Corcunda de Notre Dame* (1831), os animais são os fantasmas visíveis de nossas almas. Os animais são uma fonte infinita de inspiração para artistas, filósofos e fotógrafos. São uma grande fonte de companhia, entretenimento, simbolismo e alimento para os seres humanos. A palavra *animal* provém do prefixo indo-europeu *ane-*, e alguns de seus derivados incluem *anima* ("alma") e *animate* ("animar"). A transmissão de alguns bons sinais animais aos colegas pode energizar uma empresa.

Os carecas da empresa

Já exploramos o significado do cabelo corporativo, então agora vamos analisar a calvície e o "visual careca", que já se tornou uma declaração cada vez mais visível no trabalho.

"Cabelo é uma chatice," afirma Mike Ubl, diretor da Irmandade dos Carecas (BECK, 2008: DI). De acordo com Ubl, que ficou calvo com vinte e poucos anos, "Todo homem que perde cabelo embarca numa jornada pessoal que vai da negação à aceitação, e finalmente à apreciação. O processo pode levar semanas, meses ou anos, mas a experiência é a mesma, não importa o tempo que leve".

Criada em novembro de 2006, a missão da Irmandade dos Carecas é inspirar autoconfiança e autoaceitação na comunidade dos calvos, além de mudar as percepções do público sobre a calvície. Como o cabelo é glorificado em imagens de modelos, atores e estrelas do *rock*, os homens que perdem o cabelo, sendo derrotados pela Calvície de Padrão Masculino (MPB), costumam sentir-se inadequados. Muitos lamentam quando a MPB lhes rouba uma parte marcante de sua identidade jovem. Após submeterem-se a tratamentos capilares, que raramente funcionam, muitos homens hoje em dia estão raspando a cabeça.

Embora a imagem radical da cabeça raspada (*skinhead*) transmita a mensagem errada nos estádios de futebol europeus, a cabeça raspada é um sinal positivo no trabalho atualmente. Demonstra que o homem rejeitou a inadequação da perda capilar a favor de uma imagem nova e segura. O caminho da MPB, que passa pelo cabelo curto e chega à cabeça raspada, requer coragem. É necessário sofrer a inevitável iniciação no trabalho.

No primeiro dia de volta ao trabalho após raspar a cabeça, um homem escreveu no *website* da Irmandade: "Eu ouvi quatro comentários": (1) depois de uma gargalhada incontrolável de um colega: "Não é que esteja ruim, na verdade está bom... mas, por favor, cara, da próxima vez me avise!"; (2) de um colega, no elevador: "Meu Deus, você está sem cabelo!"; (3) de um colega, no banheiro: "O que aconteceu? Perdeu alguma aposta?"; e (4) de um chefe no corredor: "O que fez você fazer isso?" (QUE, 2008)

Depois de raspar a cabeça e sobreviver à fase de iniciação, a maioria dos homens relata que eles, suas esposas e colegas gostam do novo visual. Em franca expansão no trabalho, o visual careca é um sinal dos tempos.

***

Claramente, o cabelo, ou a ausência dele, transmite uma mensagem contínua no trabalho. Ao contrário dos sapatos, que se escondem sob as escrivaninhas, as mãos, que se cruzam sob a mesa, ou os olhos, que desviam, o seu penteado está sempre à vista. O seu cabelo é uma *demonstração característica* não verbal representando quem, o que, até mesmo "por que" você é. Para os seres humanos, o cabelo é um distintivo de identidade que reflete a associação a um grupo, além de mostrar o desejo de se identificar e ser como os outros. Mais ou menos como um boné de *baseball*, o nosso cabelo pode ser usado para mostrar que somos parte do time da empresa.

Ao mesmo tempo em que usamos o nosso inteligente cérebro humano para dominar a tecnologia da informação e comunicação (TIC) mais recente no trabalho, o nosso cérebro primata mais antigo ainda avalia o cabelo dos nossos colegas. A TIC aciona partes da ala evolutiva nova de nosso cérebro, o *neocórtex*, enquanto o cabelo aciona uma área mais antiga do cérebro, o *giro cingulado*. O primeiro é capaz de aprender um aplicativo de informática, e o último é capaz de localizar um cabelo despenteado na sala de reuniões. Para obter a impressão certa, é necessário ativar o cérebro humano mais novo e o cérebro primata mais antigo dos seus colegas ao mesmo tempo. Boas ideias fazem diferença no trabalho, mas o cabelo também faz.

No próximo capítulo, deixaremos de lado os olhos, as mãos e os penteados e vamos nos concentrar no que vestimos para trabalhar. No trabalho, pequenos detalhes do vestuário podem ter grandes significados.

7
Quebrando o protocolo do vestuário

> *Nunca consigo fazer você entender a importância das mangas, a sugestividade das unhas dos polegares ou as grandes questões que podem sair de um cadarço.*
>
> Sherlock Holmes para Watson.
> "Um caso de identidade".

No trabalho, o vestuário pode criar ou destruir a sua *persona*. *Persona* é o papel que o seu eu exterior desempenha no trabalho, em oposição ao que você revela sobre o seu eu interior após o expediente. Como o vestuário define a sua imagem corporativa, você precisa vestir-se estrategicamente. Por serem primatas, os seres humanos têm olho crítico para detalhes que refletem *status*, cuidado com a própria aparência e saúde. Uma manchinha na gravata, um colarinho surrado, uma ruguinha na manga – cada um deles será lido como um sinal de identidade. Detalhes aparentemente menores podem desempenhar um papel importante na hora de definir quem você é no trabalho. Atualmente, no trabalho, você é aquilo que veste.

"Eu me sinto natural assim," declarou Philip O'Neill quando questionado por que veste terno e gravata para trabalhar. Em 13 de outubro de 2005, O'Neill, um executivo do ramo publicitário, foi eleito o Executivo Mais Bem-Vestido da Nova Zelândia. Enquanto muitos em seu trabalho vestiam *jeans* e camiseta, O'Neill vestia calças bem passadas e paletós de alfaiataria para se destacar. Os jurados do concurso do mais bem-vestido gostaram da "formalidade tradicional combinada com a elegância de um jovem" do seu traje.

"A primeira impressão é importante [observou um jurado], mas os padrões precisam ser mantidos em semanas alternadas." Em 7 de março de 2006, cinco meses depois de receber o seu prêmio do mais bem-vestido da Nova Zelândia, Philip O'Neill foi promovido e transferido para um cargo melhor em Melbourne, Austrália. Os sinais do vestuário contaram pontos a seu favor (*National Business Review*, 2005).

Um dos trajes preferidos de Philip O'Neill, comprado em Londres, é um terno cinza Dunhill, com paletó de uma fileira de botões e riscas finas em azul-claro. O cinza é uma cor séria que diz: "Vou dar conta do trabalho". Ao mesmo tempo, o azul-claro diz: "Sou simpático". Dignidade, suavidade e verdade estão entre os significados simbólicos tradicionais da cor azul. Sobre a cor cinza, desde o romance clássico de Sloan Wilson, *O homem no terno de flanela cinza* (1955), o simbolismo da cor alude à busca de significado num mundo dominado pelo materialismo e pelos grandes negócios ocidentais. O terno de O'Neill tem muito a dizer.

Entre as suas mensagens ocultas, o corte do paletó demonstra sinais de força animal vital. Para ajudar você a crescer no trabalho, sinais de poder do perfil mamífero são confeccionados em todos os ternos Perry Ellis, Brooks Brothers e Dunhill. Ombreiras embutidas criam um formato quadrado nos ombros para exagerar o tamanho e a força do torso superior. Descendo até o nível da ponta dos dedos, a bainha do paletó alarga visualmente o tronco do executivo em proporções simiescas. A lapela projeta-se para cima e para fora de forma a incrementar a ilusão de força do tronco numa mensagem que até mesmo um gorila entenderia.

As ilusões de tamanho são tão convincentes que, no mundo todo, os ternos tornaram-se o traje mais poderoso em assuntos empresariais, políticos e militares tanto para homens quanto para mulheres. Os ombros sob as ombreiras não apenas criam a aparência de estatura maior, mas também mascaram o inconveniente encolher de ombros mencionado no capítulo 5, o que pode demonstrar incerteza tanto em salas de reunião quanto em campos de guerra. Originário das togas (200 a.C.), gibões (1300), casacas (1600) e becas (1700), o terno atual é o vestuário evolutivamente correto para um primata corporativo.

A vestimenta corporativa das mulheres percorreu um caminho evolutivo mais feminino. Até 1800, aproximadamente, as mulheres iam trabalhar usando laços, plumas, pregas, espartilhos, roupas íntimas espessas, ombreiras volumosas e caudas extensas. Tudo mudou na década de 1920, quando a estilista francesa Coco Chanel (1883-1971) introduziu ternos de alfaiataria femininos. Inspirados pela imagem dominante do traje masculino em voga, os paletós Chanel apresentavam o mesmo visual de lapela larga e ombros quadrados.

A androginia e os sinais de poder que Coco Chanel introduziu no vestuário feminino acompanhavam as novas atitudes de independência feminina, refletidas em cortes de cabelo mais curtos, fumar em público, tomar coquetéis nos bares, dirigir automóveis e crescer profissionalmente. O terno Chanel captou o clima de uma nova era para as mulheres no trabalho. Foi o triunfo da força sobre os adornos e a ostentação. Para sobreviver num mundo masculino, as roupas femininas masculinizaram-se – mas, graças a Chanel, continuaram elegantes.

O terno chamativo dos homens

Você deve lembrar de Gordon Gekko, o ganancioso personagem de Michael Douglas interpretado no filme *Wall Street*, de 1987. Gekko tinha cabelo penteado para trás com gel, paletós com duas fileiras de botões, calças pregueadas, camisas coloridas contrastando com o colarinho branco, gravatas grandes e chamativas, e grossos suspensórios com vistosas fivelas. O vestuário de Gekko anunciava a sua presença no trabalho, atraindo os olhares para o todo-poderoso "Eu!"

Gordon Gekko foi inspirado pelo personagem real, Ivan F. Boesky, o *bad boy* de Wall Street que se tornou famoso por seus comentários aos formandos da faculdade de administração de 1986: "Eu acho que a ambição é saudável. É possível ser ambicioso e estar bem consigo mesmo". Boesky gostava de usar ternos pretos que chamavam atenção a si mesmo e à sua imensurável ambição.

A ganância imensurável foi o tema das roupas executivas masculinas no início da década de 1980, quando a ambição cega dominava Wall Street, e o poder ditava as regras. Os corpos eram forjados com tecidos drapeados e lapelas enormes, com duas fileiras de botões, o que dava mais peso e autoridade a estruturas comuns. O próprio Ivan Boesky era um homem um tanto franzino nos anos 1980, mas, no trabalho, os seus ternos tornavam-no terrivelmente grande.

"Foi um momento de vaidade [afirma o estilista Patrik Ervell sobre a convencida década de 1980], quando a América era realmente presunçosa" (SMITH, 2008: D8). Os biólogos têm um termo para tal ostentação: *apossemática*.

Cores berrantes e contrastes fortes apossemáticos – como aqueles exibidos por vespas e abelhas – dizem: "Eu estou aqui! Cuidado!" Embora a moda masculina tenha ficado consideravelmente mais discreta depois dos anos 1980, os estilos apossemáticos – como os ternos com duas fileiras de botões e listras chamativas do estilista estadunidense Tom Ford – voltaram à moda na primavera de 2009.

> O "visual perigoso" dos trajes executivos nos anos 1980 provavelmente ainda será visto nas empresas, ao menos esporadicamente, por décadas. Como o imperioso "eu", as roupas imensuravelmente grandes nunca sairão completamente de moda.

"Eu sinto que tenho a responsabilidade de projetar a imagem correta," declarou Karen Firestone, da Aureus Asset Management, empresa de Boston, ao *Wall Street Journal* (BINKLEY, 2007: D8). Em 26 de março de 2007, o *website* da Aureus exibiu uma fotografia de Firestone, presidente da empresa, ao lado do sócio, Thaddeus Davis, que vestia camisa e gravata, sem a formalidade de um paletó.

Na fotografia da internet, a vantagem não verbal vai para Firestone, em seu poderoso terno Luciano Barbera, que sinaliza claramente: "Eu sou a chefe". Enquanto Davis estava pronto para arregaçar as mangas e trabalhar, Firestone estava pronta para comandar. O que a roupa deles diz é mais importante do que podemos imaginar. Até mesmo mínimos detalhes do seu próprio traje têm importantes significados na sala de reuniões.

Responsável por investimentos de até $250 milhões, Karen Firestone, formada em administração de empresas pela Universidade de Harvard, veste paletós italianos da Dolce & Gabbana, Missoni e Piazza Sempione para parecer "na moda com sofisticação". Embora não chegue a usar decotes, Firestone não tem medo de mostrar o pescoço e revelar a clavícula para parecer feminina no trabalho. Mais uma vez, até mesmo a forma pela qual cobrimos ou descobrimos a parte frontal (e vulnerável) do pescoço pode ajudar ou prejudicar a sua própria apresentação. O ato de mostrar o pescoço, um sinal visível de retraimento, foi estudado nos mamíferos (cães e lobos) e nos répteis (jacarés e crocodilos). Nos humanos, a proeminência da "covinha do pescoço", aquela entrada carnuda abaixo do pomo de Adão, inspirou vários artifícios da moda para exibi-la, adorná-la ou ocultá-la. (Para mais detalhes, leia "Desnudando o pescoço", página 131.)

Um terno VIP para as damas

Christina Binkley, colunista de moda do *Wall Street Journal*, adora o seu *tailleur* St. John Angelina. Ela descobriu que era mais bem tratada quando vestia St. John do que quando usava roupas executivas da Banana Republic ou Saks.

"No trabalho [escreveu Binkley na sua coluna "On Style"], um colega elogiou o meu terno e perguntou: 'Custou $1.000?'" (BINKLEY, 2008b: D8). Quanto mais usava, mais percebia que o seu St. John escuro ajudava-a, não apenas no trabalho, mas também em outras áreas, como fazer compras, jantar fora e viajar.

Ao vestir o seu *tailleur* St. John, os vendedores prestavam mais atenção, os garçons conduziam-na às melhores mesas e um passageiro do seu voo no aeroporto JFK até levou a sua bagagem até o avião. "Estou sonhando [escreveu Binkley], ou os motoristas de táxi de Nova York dão preferência a mim e ao meu St. John na hora do *rush*?"

Fabricados pela St. John Knits Inc., em Irvine, Califórnia, os ternos executivos como os de Christina Binkley não são baratos. Eles são um investimento num estilo tradicionalmente elegante que, com uma rápida olhada, é capaz de aumentar o seu *status* dentro e fora da empresa. O corte perfeito, a suavidade e a textura atraente dos tecidos com lã são eloquentes sobre o valor no trabalho. Se você se levar a sério, os outros farão o mesmo.

Antes de colarinhos, camisas e saias, tínhamos o desadornado corpo primata: olhos, dentes, pele, cabelo e unhas, além de formas compostas de músculos, gordura e ossos. Antes dos adornos, os nossos ancestrais remotos expressavam sentimentos e atitudes em movimentos corporais, expressões faciais e posturas. Com o advento das roupas, o vocabulário não verbal do corpo cresceu. A moda, enganosamente, alargou ombros, engrossou bíceps e afinou cinturas. No mundo empresarial de hoje, o seu corpo é o que você veste. Você é cliente da Banana Republic, Armani ou Nordstrom? E o que isso transmite no seu trabalho?

Percebendo todos os detalhes

Os seus colegas observam pequenos detalhes do seu guarda-roupa? A reposta é *sim, observam muito*, e as colegas são as mais observadoras de todos. Para as mulheres, prestar atenção aos detalhes do vestuário começa na tenra infância.

Quando a linha das bonecas Bratz, de lábios carnudos e proeminentes, surgiu nas lojas estadunidenses em 2001, por exemplo, fizeram sucesso instantâneo. As meninas de todo o país adoraram as roupas arrojadas, a atitude atrevida e a individualidade da boneca. Quando as vendas da boneca começaram a cair em 2008, o presidente da MGA Entertainment Inc., Isaac Larian, admitiu que a sua empresa havia "perdido o foco do que a nossa marca era" (CASEY, 2008: B1). Com o passar do tempo, a MGA inadvertidamente padronizou as roupas e os acessórios da bonequinha Bratz.

Em vez de usarem bolsas diferentes, por exemplo, algumas bonecas usavam bolsas de plástico de modelos idênticos, como se tivessem saído da mesma fôrma. Para retomar o apelo original de individualidade da boneca, a MGA substituiu as bolsas de plástico idênticas por bolsinhas de pano, com diferentes modelos. Além disso, para ajustar os trajes demasiadamente padronizados de *jeans*, a MGA bordou diferentes padrões coloridos para representar a sua personalidade.

> Embora esses pequenos detalhes nas roupas e acessórios possam parecer sem importância, eles fizeram uma enorme diferença na maneira pela qual as bonecas Bratz eram percebidas. As meninas repararam. "O que as atraiu a essas bonecas [repaginadas] foi o vestuário, que era diferente de uma boneca para a outra", declarou Larian (CASEY, 2008: B2). Quando as jovens crescem e iniciam a carreira, sem dúvida ficam sintonizadas com as roupas do trabalho, observando tudo com o mesmo olhar atento.

Cuidado com o relógio

Como os prazos são onipresentes no trabalho, é importante usar um relógio. A presença de um relógio no seu pulso é um sinal que assegura ao seu chefe que você de fato se preocupa com o tempo. Embora seja possível ver a hora no computador, no celular ou no relógio de parede da empresa, nenhum desses locais atesta o seu compromisso pessoal com o cumprimento dos prazos tão visivelmente quanto o relógio no seu pulso.

A maneira pela qual encaramos o tempo no trabalho também revela a sua idade. Os colegas da Geração Y – os *Millennials* nascidos depois de 1982 – podem não usar um relógio. Muitos deles veem a hora em *laptops*, iPods, e celulares. Porém, os *Millennials* devem usar ao menos um relógio simbólico para mostrar a um chefe mais velho que o tempo é importante para eles. Uma boa aposta seria o *Analog Black Dial* da Fóssil, um símbolo barato e da moda que tem a ver com a Geração Y. A mensagem desse relógio estiloso, de fato, refere-se mais a pertencer a um grupo do que prestar atenção ao tempo.

Nascidos entre 1961 e 1981, os funcionários da Geração X geralmente usam relógios esportivos grandes e bastante visíveis, à prova d'água até 100m de profundidade. O tamanho e o visor largo de um relógio esportivo demonstram um compromisso explícito com os prazos da empresa (além do desejo não dito de estar fora da empresa praticando *snorkeling*, fazendo caminhadas ou num safári). O tamanho do punho da camisa talvez até precise ser alargado para que o relógio enorme caiba.

A geração *Baby Boomer* da sua empresa, nascida entre 1943 e 1960, também pode usar os relógios esportivos da Geração X. Isso transmite uma mensagem de juventude. A maioria dos *Boomers*, porém, usa relógios mais lustrosos e elegantes, de platina ou ouro, para exibir o acúmulo de sucesso material. Se o seu chefe usar um relógio de alta qualidade, como um Cartier Ballon Bleu, você definitivamente deverá ter um relógio no pulso e arregaçar as mangas. O Cartier fala com clareza: "Tempo é dinheiro".

Qual é a importância dos relógios de pulso no mundo corporativo? A julgar pelos anúncios publicitários no *Wall Street Journal*, eles são muito importantes. Na edição de 3 de outubro de 2008, por exemplo, há anúncios consideráveis da Carl F. Bucherer ("Fina relojoaria suíça"), Audemars Piguet ("Le maître de l'horlogerie depuis 1875" [Mestre relojoeiro desde 1875]) e do Maxi Marine Diver, da Ulysse Nardin ("Desde 1846"). Em 1899, o sociólogo Thorstein Veblen popularizou a noção de "consumo conspícuo" em seu clássico *A teoria da classe ociosa*. Veblen mostrou que tanto ricos quanto pobres tentam impressionar os outros com os objetos que exibem conspicuamente. No trabalho, os relógios de pulso representam mais do que saber a hora. Eles demonstram um cuidado conspícuo com o próprio tempo.

Vermelho ou azul?

O crachá que você usa na empresa pode mostrar mais do que o seu nome e departamento: também pode mostrar o seu tipo de personalidade.

Na Acxiom Corp., uma firma de *marketing* global localizada em Little Rock, Arkansas, todos usam um crachá colorido. Se o seu crachá for vermelho, você é um "solucionador de problemas". Se for verde, você é um "comunicador", amarelo, um "programador detalhado", ou azul, um "planejador" (GUTNER, 2008: D4). Esses são os quatro rótulos de personalidade – expostos a todos – atribuídos depois que cada funcionário submete-se ao teste de personalidade do Método Birkman, que dura 45 minutos e tem 298 perguntas.

Dana Lund, gerente da Acxiom, fez o teste e descobriu que era uma planejadora. Saber que era azul ajudou Lund a lidar com aqueles que tinham a mesma cor ou cores diferentes na empresa. "Ajudou-me a saber como interagir melhor com as equipes de trabalho [disse ela] e a avaliar os meus pontos profissionais fortes" (GUTNER, 2008: D4).

Fundada em 1969, em Conway, Arkansas, a Acxiom tinha filiais em 12 países no mundo todo em 2008. A empresa atualiza 10 bilhões de bancos de dados mensalmente, de acordo com o seu *website*, e conduz 125.000 inquéritos pessoais todos os meses. Como antropólogo, acho estranho que, embora a Acxiom manipule bilhões de bancos de dados, a gerência amontoe os seus funcionários em uma de apenas quatro categorias. Os seres humanos são mais complexos do que os chimpanzés, mas isso não poderia ser percebido pelos crachás da Acxiom.

Esses crachás coloridos dizem mais sobre a Acxiom do que sobre seus funcionários. De acordo com Annie M. Paul, autora de *The Cult of Personality* (2004), os testes psicológicos usados pelas empresas são executados mais para a conveniência do empregador. "Não se trata de ajudar alguém a se entender ou explorar facetas da sua personalidade [disse ela]. Na verdade, trata-se de encaixotar a pessoa e rotulá-la para que o ambiente de trabalho seja mais eficiente ou para que as contratações sejam mais dinâmicas" (MANTHEY, 2008). No que se refere aos crachás coloridos, o que você usa não representa necessariamente o que você é.

Acima da cintura
Comece com os ombros

Para um visual mais poderoso na empresa, comece com os ombros. A roupa que você escolhe para vesti-los transmite uma mensagem de inspiração primata de força ou fraqueza. Ombros quadrados e largos são visivelmente "fortes", enquanto ombros arredondados, caídos ou encurvados são "fracos". Em micos, macacos e seres humanos, a mensagem é a mesma. O que você veste sobre os ombros para ir trabalhar todos os dias pode fazê-lo parecer ativo ou um fracote.

Lembre-se do terno Dunhill de Philip O'Neill e o poder embutido em seu paletó. A sugestão de força símia é uma mensagem que homens e mulheres podem transmitir para impor sua presença no trabalho. Você deve lembrar do visual de ombros largos que as mulheres adotaram no vestuário de trabalho da década de 1980. As mulheres, aos bandos, passaram a fazer parte da força de trabalho, e a mensagem dos enormes ombros de seus paletós – "Sou mulher, ouçam o meu rugido" – era impressionante. Mas os paletós acabaram tornando-se fortes demais, musculosos demais e, como os dinossauros, os ombros incrementados por grandes ombreiras extinguiram-se.

Ainda assim, o princípio de exibir o tronco largo no trabalho sobreviveu. Um alargamento mais sutil na região do ombro pode sugerir poder sem alarde. Para as mulheres, o ideal é combinar ombros imponentes com feminilidade, conforto e estilo. Para os homens, o ideal é exibir ombros que conotem autoridade, mas sem a ostentação de um terno estilo gângster. Sugestões de força funcionam mais do que exibições acintosas de poder.

Desnudando o pescoço

Em cenários formais de trabalho, como reuniões do conselho administrativo, os participantes chegam com os pescoços cobertos. Vemos gravatas, echarpes de seda, colarinhos abotoados e gargantilhas cobrindo a parte frontal do pescoço. Observe que essas coberturas encobrem aquela entrada abaixo do pomo de Adão chamada de *covinha do pescoço*. Revelada por nossa postura ereta e a pele sem pelos, a covinha do pescoço (ou da garganta) é uma das partes mais vulneráveis do corpo, com nada mais além de pele protegendo a traqueia. A fossa supraesternal, como é chamada a covinha pelos médicos, é a área onde são feitas incisões para realizar uma traqueostomia.

Um artigo com o qual contribuí no jornal britânico *New Scientist* diz o seguinte: "A ideia de que a linguagem corporal está ligada ao pensamento inconsciente não é nova. Ela gerou diversos livros de autoajuda sobre como sair-se bem em entrevistas ou ler os sinais do seu chefe. Considere a fossa na base do pescoço... A exibição dela é um sinal universal de submissão e proximidade em todos os mamíferos, além de um sinal de paquera nos humanos. Então, o homem que afrouxa a gravata diante de uma parceira em potencial pode estar, sem saber, expressando a sua atração" (SPINNEY, 2000).

Sinal visível de submissão, a exibição do pescoço foi estudada em cães, lobos e crocodilos. A proeminência de nosso próprio e um tanto quanto fino pescoço ao olharmos para os outros e falar inspirou diversas tendências culturais da moda, que criou artifícios para exibir, adornar ou cobrir a frágil fossa do pescoço. Assim como no comprimento da saia, os adornos do pescoço variam com as mudanças no ciclo empresarial, abrindo-se nos bons momentos e fechando – como para proteger-se – em momentos ruins.

A roupa da crise

Quando os negócios ficam em baixa, os colarinhos se apertam. Devido a uma crise econômica em meados de 2001, Jim Kresse, da *News Tribune*, de Tacoma, Washington, observou: "Em Wall Street e alguns pontos a oeste, grande parte da América corporativa está voltando a apertar o colarinho e ficar mais formal" (KRESSE, 2001: D3).

A covinha do pescoço exposta sugere abertura.

Nas guerras, observaram os antropólogos, até mesmo homens sem camisa cobrem o pescoço. O traje de um guerreiro massai africano, por exemplo, que consiste em uma túnica vermelha vestida sobre os braços e ombros nus, inclui uma camada de colares de contas para cobrir o pescoço. Nas arenas do mundo corporativo – menos físicas, porém de maior combate verbal –, a gravata de seda ou a echarpe de um(a) executivo(a) desempenham um papel similar.

"A echarpe executiva mais comum [escreve Susan Bixler, autora de *The Professional Image*] é a que tem *um laço na frente*; isso dá um toque de suavidade e feminilidade e é agradável praticamente em todo lugar. É fácil de usar e cai muito bem com terno. A echarpe deve ser presa na parte de trás da blusa, para não sair do lugar" (BIXLER, 1984: 169). "A echarpe [diz a especialista em moda Véronique Vienne] deve ser sempre amarrada com certo desalinho. A simetria perfeita faz com que pareça cafona" (VIENNE, 1997: 158).

O mais antigo ornamento masculino parecido com a gravata pode ter sido a gola usada pelos legionários romanos. Depois, na Revolução Francesa, as golas significavam posições políticas. A cor branca era usada pelos conservadores ou "convencionais" e a preta, pelos "revolucionários". Posteriormente, no século XIX, o plastrão sobreviveu como precursor da gravata atual, como uma maneira de mostrar o estado de ânimo, a profissão e os compromissos – e cobrir os pescoços desnudos à mesa de reuniões. Para as mulheres por volta de 1890, de acordo com a crítica literária americana Elaine Showalter, a gravata preta tornou-se o uniforme feminista da "Nova Mulher" (SHOWALTER, 2001).

Masculino ou feminino, o pescoço humano propriamente dito é um tanto quanto magro e sugestivo de vulnerabilidade. Assim, um homem pode "alargar" o pescoço com um colarinho apertado e uma gravata com nó. O melhor nó, aconselha Susan Bixler, é o nó simples. Se quiser ser um inconformista excêntrico ou declarado, use um laço, que cobre o pescoço, mas é pouco eficaz para melhorar a sua imagem. Em contraste, uma gravata mais longa acrescenta uma linha vertical chamativa que acentua a altura ascendente do seu rosto, da cabeça e do torso. Usar uma gravata padrão faz você parecer "mais reto" e "mais alto". Ademais, os pontos do colarinho à esquerda e à direita da sua camisa justapõem-se visualmente de forma a sugerir um formato de "flecha" que aponta para cima e atrai os olhares para o seu rosto.

O uso da gravata faz você parecer mais alinhado e mais alto.

Numa entrevista com John Tierney, do *New York Times*, falamos muito sobre gravatas, trabalho e pescoços desnudos. Eu previ que, quanto mais transitarmos em direção a uma economia da informação, menos precisaremos cobrir nossos pescoços. Quando o funcionário sabe mais sobre o *software* da empresa do que o chefe, o poder absoluto deste diminui. Como John escreveu mais tarde em sua coluna: "'É por isso que os pescoços agora podem ser desnudados', disse David B. Givens, o antropólogo que cunhou o termo 'covinha do pescoço'. 'O visual do pescoço exposto nos trajes corporativos é uma verdadeira mudança de paradigma [afirmou o Dr. Givens]. Em épocas passadas, apenas alguns anos atrás, era necessário parecer poderoso no trabalho. Mas agora a informação derrotou a política bruta e a hierarquia corporativa. A equipe mais jovem e bem informada conquistou poder e impôs as roupas mais informais, e os primeiros itens retirados foram a echarpe e a gravata. Depois de ter conhecido a Meca da Informação, não é mais necessário usar véu. É redundante como um sinal de poder'" (TIERNEY, 2000).

Deixando Lorde Winston menos formal

Lorde Winston costumava aparecer na Wine Enthusiast Cos., uma empresa de acessórios de vinho sediada em Mount Kisco, Nova York, usando paletó, uma elegante gravata Ascot e segurando uma taça de vinho tinto. Se o lorde parecia presunçoso e arrogante, era por causa da gravata e da peculiar postura adotada com a sua taça de vinho. A testa larga de Lorde Winston inclinava-se para baixo, com o nariz perto da taça para saborear o seu vinho *vintage*. Imerso em seu mundo artesanal, ele dava a impressão de que os colegas nem existiam. Tudo o que importava era o vinho.

Enquanto aspirava o seu buquê, a gravata de Lorde Winston transmitia a mensagem de superioridade e desdém. A gravata Ascot é formal e mais chamativa do que uma gravata executiva padrão. No início do século XX, era costume usar uma gravata Ascot cinza no trabalho. Hoje, esse tipo de gravata é feito com seda finíssima e cores variadas. Se você usar essa gravata no trabalho, poderá ser considerado um membro esnobe da classe A ou, o que é pior, um *playboy* extravagante.

Lorde Winston não é uma pessoa de carne e osso, mas um logotipo. Criado em 1979, ele é a marca registrada, além de figura muito conhecida, da empresa Wine Enthusiast. Quando a empresa decidiu tornar seus produtos – taças, saca-rolhas e, especialmente, refrigeradores – mais atraentes para os clientes, que não necessariamente eram enólogos, a gerência achou que Sir Winston deveria ser mais acessível e menos esnobe.

Para repaginar o seu logotipo, a empresa revogou o título de lorde, suprimiu a gravata e mudou a postura de Winston. Hoje, a figura, conhecida simplesmente como Winston, usa o colarinho aberto e levanta a taça de vinho acima do nariz num simpático brinde. "Ele foi repaginado para ser mais acessível," declarou Gregg Lipman, da empresa CBX, de Nova York, a firma que ajudou a Wine Enthusiast a tornar Lorde Winston mais simpático no trabalho (COVEL, 2008). Pequenos retoques na postura e sobretudo a remoção do colarinho alto fizeram uma grande diferença para a marca.

Sinais desfavoráveis ao terno

Pela maneira como Trevor Kaufman veste-se para o trabalho, ele é um iconoclasta corporativo. Um iconoclasta é alguém que derruba ideias ou práticas tradicionais. Kaufman, presidente da Schematic, uma agência de marcas digitais com representações nos Estados Unidos e em Londres, subverteu a prática tradicional de vestir o terno. Em 7 de agosto de 2008, as palavras de Kaufman, 38 anos, foram citadas: "O terno tornou-se algo que vestimos para pedir dinheiro" (BINKLEY, 2008a: DI).

De acordo com Christina Binkley, colunista de moda do *Wall Street Journal*, o terno corporativo hoje em dia pode sinalizar uma inflexibilidade cafona. Vestir terno em uma área criativa de tecnologia, esportes ou de entretenimento pode ser um verdadeiro atraso.

A mensagem que Trevor Kaufman transmite em seu traje corporativo é a de autoridade descontraída, conhecida como "presidente informal". Kaufman conduz os negócios vestindo *jeans*, por exemplo, com *loafers* marrons da Prada, camisa branca com colarinho aberto e mangas arregaçadas, e um vistoso relógio Audemars Piguet. Como um vestuário tão informal pode conferir autoridade à figura humana? O segredo está nos detalhes.

Kaufman faz questão que o seu *jeans* azul-escuro Levi's 511 esteja impecavelmente passado. Suas camisas de alfaiataria também estão passadas, sem uma ruguinha sequer, e seus caros sapatos estão engraxados. Jamais veremos a ponta do colarinho virada para cima ou desalinhada. O fato de o colarinho estar aberto demonstra vulnerabilidade, que é equilibrada pela força do seu robusto pulso. Esses são detalhes que conotam autoridade informal na empresa. São os detalhes que dizem: "Eu não preciso vestir terno".

É difícil ignorar a premissa de que, no trabalho, você é o que veste. Detalhes aparentemente pequenos em roupas e adornos têm grandes consequências na forma pela qual você é percebido. No próximo capítulo exploraremos as regras não escritas sobre sapatos. Grandes exibidores da personalidade, os sapatos podem estar lá embaixo, mas são enfáticos sobre a sua posição, poder e situação na firma.

8
A alma do sapato corporativo

*Os sapatos são a chave para a
identidade humana.*
Sonja Bata, fundadora do Museu dos Sapatos Bata,
em Toronto (TRUEHEART, 1995: C10).

Os artigos das revistas, dos jornais e da internet estão repletos de conselhos sobre as melhores formas de ser bem-sucedido nas entrevistas de emprego. Muitas dicas para entrevistas são não verbais em sua natureza e recomendam, por exemplo, que você sorria, dê um aperto de mão firme e retribua o contato ocular. Subestimando a importância dos pés na entrevista, há poucas sugestões referentes aos sapatos. Embora não falem, os sapatos são percebidos, e suas mensagens não verbais são explícitas.

"Calce sapatos sociais de couro e com os cadarços amarrados", aconselham aos homens; "engraxados e, de preferência, pretos"; "não calce sapatos com os saltos gastos"; "não calce botas de *cowboy*, mesmo no Texas"; "não use Nikes, Keds ou Crocs"; "use meias escuras – jamais brancas –, combinando com os sapatos".

É impressionante como o calçado é importante nas entrevistas de emprego, que supostamente avaliariam a competência, não os pés. "Não use saltos muitos altos", avisam também às mulheres, "nem esquisitos"; "não use sandálias nem chinelos"; "não use sapatilhas"; "não use sapatos muito coloridos, vermelhos, amarelos ou azuis"; "não use tons rosa, pois são submissos"; "não deixe de usar meias". Sobretudo, "não mostre os dedos".

"Não quero ver alguém transmitindo as notícias com as pernas à mostra e sapatos com os dedos de fora", reclama um telespectador da AOL. Por que Katie Couric não pode parecer profissional?" (SIMONIDOU, 2007).

Os melhores sapatos para o trabalho, e o telespectador deve concordar, seriam sapatos sérios. No início do seu trabalho como âncora do telejornal *CBS Evening News*, os sapatos *peep-toe* de Katie comprometiam a seriedade de suas reportagens. Os dedos à mostra transmitiam mensagens patentemente sexuais que colidiam com a gravidade dos eventos mundiais. Não estamos sendo puritanos, mas um pouco de pudor nos sapatos é necessário no trabalho. Ocultar os pés em sapatos fechados projeta uma imagem de tendência formal com a mensagem não dita: "Leve-me a sério – estou aqui para trabalhar".

Os saltos e as solas também transmitem mensagens. Tanto para homens quanto mulheres, a melhor escolha para os sapatos corporativos é o meio-termo entre o que eleva a ponto de ficar na ponta dos pés ou sapatos que deixam os pés rentes ao chão. Visualmente, os sapatos altos sugerem que os pés da mulher estão desestabilizados. O peso do corpo parece desafiar a gravidade quando está acima da terra. Por outro lado, o sapato *oxford* ancora o homem e planta seus pés em terra firme. O melhor tipo de sapato corporativo é aquele que fica entre os saltos altos e os rasteiros, para mostrar que você tem os pés no chão, mas não é totalmente inflexível.

Um sapato feminino corporativo de excelente qualidade é o "Jolyn", de Bruno Magli, um elegante sapato de bico fino, do tipo *pump*, com salto de 5cm. "São perfeitos e muito confortáveis – e eu recebi muitos elogios", declarou uma mulher sobre os seus Jolyns (VIRGINIA, 2007). Como outros *pumps*, o Jolyn afina os pés, revela o peito do pé e mostra o tornozelo. O seu *sex appeal* é inerente, mas não tão óbvio quanto os dedos expostos de Couric.

A finura dos *pumps* surgiu de um sapato estreito chamado de *poulaine*, originário da Polônia, popular entre os homens no século XV. O seu bico era tão fino e tão sugestivo ao se movimentar para frente e para trás que, em 1468, o papa condenou o *poulaine* como "um desrespeito a Deus". O *poulaine* foi extinto, mas a mensagem da sua tímida ponta vive nos *pumps* de Bruno Magli, que sugerem: "Prefiro encantar a pisotear você".

Para o trabalho, um bom sapato masculino é o "Positano", da Banana Republic, um *oxford* amplo e de bico largo. O Positano amplia os pés do homem, ao mesmo tempo em que a sua sola grossa e os saltos duros ameaçam atropelar quem estiver na frente. Como outros *oxfords*, o Positano é um estilo dominante de calçados que não é diferente dos "destruidores de besouros" da década de 1950, das *Desert Boots*, com solado de crepe, nos anos 1960, e dos agressivos Dr. Martens, da década de 1990. Embora invisíveis sob a mesa de reunião, os sapatos são a primeira coisa que as pessoas observam quando você vai trabalhar, e a última coisa que veem quando você sai.

Sapatos executivos imponentes são robustos – largos, espessos e pesados – para acentuar o tamanho dos pés e a capacidade de pisar. No contexto histórico, os sapatos pesados mais antigos são as sandálias do Antigo Egito, com figuras de inimigos pintadas em suas solas. Mais recentemente, no Oriente Médio, você deve lembrar das imagens em vídeo de 9 de abril de 2003, de homens em Bagdá pisando a estátua derrubada do falecido ditador iraquiano, Saddam Hussein. Num ato simbólico, pisar a figura derrubada com os calcanhares não é muito diferente da pisada cerimonial de um lutador de sumô no ringue. Ambas são demonstrações posturais de estabilidade, força e firmeza sobre a terra.

Saltos corporativos

Assim como o comprimento das saias, a altura dos saltos dos sapatos corporativos aumenta e diminui com o passar do tempo. Em seu estudo clássico sobre o comprimento das saias, o antropólogo Alfred Kroeber observou que, quando o preço das ações diminui, a barra das saias cai. Da mesma forma, quando a renda despencou e a recessão mundial assomou em 2008, a altura dos saltos aumentou. O comprimento das saias e a altura dos saltos refletem as emoções voláteis associadas aos ciclos econômicos.

A lúgubre semana que terminou em 10 de outubro de 2008 foi uma das piores já registradas na bolsa de valores dos Estados Unidos. Em 2008, o estilista Manolo Blahnik acrescentou um promissor salto de 15cm à sua coleção de sapatos femininos. Embora novo no mercado, o estilo 15cm foi responsável por 30% das vendas de sapatos de Blahnik. Enquanto isso, outros estilistas – inclusive Yves Saint Laurent, Marni e Christian Louboutin – incluíram plataformas e saltos altíssimos em suas coleções de outono.

Em geral, o outono de 2008 foi palco de uma tendência marcadamente mais alta para os saltos, considerando os saltos de 7 a 10cm até 2007. Como era de se esperar, os ortopedistas observaram um aumento nas lesões nos pés e tornozelos como resultado dos sapatos altos. Joshua Kaye, ortopedista de Los Angeles, disse: "É como andar sobre pernas de pau". O peso do corpo deixa de ser sustentado pelos ossos, passando a ser sustentado por tecidos e ligamentos frágeis (AGINS, 2008: A1). Para várias mulheres, o resultado é doloroso.

Porém, apesar da dor e do perigo de cair (modelos profissionais tropeçaram e caíram várias vezes em desfiles da época), as executivas continuaram a usar saltos muito altos em reuniões de trabalho importantes. "Pareço mais alta, minhas pernas parecem mais longas e eu me sinto mais magra", disse Claudia Chen, 33 anos, empresária da área de produção de eventos em Nova York (AGINS, 2008: A16). Chen usa saltos de 10 a 12cm, apesar de culpá-los por seus problemas nas costas. "É o preço que pagamos pela beleza", disse Chen. Os saltos altos ainda serão vistos no trabalho por muito tempo.

Os sapatos contam a sua história

Os sapatos fazem importantes declarações no trabalho. Eles são tão críticos para uma imagem corporativa adequada que grandes jornais, como o *Wall Street Journal*, exibem-nos em destaque na segunda página da sua seção principal. A julgar pelos anúncios da edição de 14 de outubro de 2008, os *loafers* masculinos estavam na moda no outono daquele ano. Os sapatos são engraxados, limpos, lustrosos – e caros. Calçá-los sugere que você também é lustroso, limpo, bem-arrumado e leva muito a sério a sua imagem corporativa.

O sapato Allen Edmonds na página A2 (sua marca registrada: "Deixe a sua marca") é mostrado num pé direito que anda energicamente para a frente, deixando uma marca impressa na calçada que diz: "É dono de metade do centro da cidade... Mas aluga o teatro de graça para as crianças". Usar um Edmonds, então, transmite a mensagem de que você é poderoso, mas também é bom para os pequenos.

Como muitos anúncios de calçados, o lustroso sapato Alden na página A4 está no chão, vazio, esperando pelo seu pé. Os motes do Alden são "Perfeição costurada a mão" e "Sapateiros personalizados desde 1884". A mensagem do sapato alude a um homem tradicional e abastado que atua em ramo empresarial antiquado. Sapatos no estilo mocassim costurados na frente dão um ar de informalidade.

Na p. A6, vemos o pequeno anúncio subentendido da Belgian Shoes, sem marca registrada nem mote. O sapato fala por si mesmo. Assim como em anúncios anteriores, o sapato, sozinho, faz a apresentação, mas em uma posição curiosa. O sapato Belgian está na ponta do pé, totalmente vertical, e flutua com leveza a alguns centímetros do chão. Embora pareça um *loafer* comum, o sapato Belgian direciona-se a executivos que ousam ser diferentes, homens que evitam o lugar-comum. Um laço na parte de cima acentua o tema da contestação.

No trabalho, cada um desses sapatos conta uma história. Como as pessoas reparam, assegure-se de escolher o que melhor conta a sua história.

Um sapato que grita

Um sapato feminino popular usado no trabalho é o *pump*, que é mais ouvido do que visto. O seu ruído claudicante e destacado pode ser ouvido em qualquer corredor que não tenha carpete. A mensagem é explícita: "Estou aqui!" Como afirmou um comentário anônimo na internet: "Acho que as pessoas que usam deliberadamente saltos que fazem barulho estão dizendo: 'olhem para mim – reparem em mim – a gatinha quer atenção!' Eu detesto isso!" (ANÔNIMO, 2007a). As pisadoras em questão são mulheres que calçam *pumps* percussivos. São sapatos que não aceitam ser ignorados nem receber *não* como resposta – são os sapatos que gritam.

Usarei saltos altos de qualquer jeito!

A jornalista Andrée Aelion Brooks trabalhou durante 18 anos como colunista colaboradora e repórter do *New York Times*. No fim do verão de 2008, Brooks jogou fora todos os seus sapatos. "A maioria eram *pumps* elegantes com saltos delicados", escreveu. "Alguns tinham imitações de diamantes. Outros eram de couro reluzente. Mas [disse ela] eu precisava me desfazer deles" (BROOKS, 2008: R14).

No processo de abandonar os sapatos e substituí-los por outros mais confortáveis, "de senhora", Andrée Brooks descobriu o quanto era emocionalmente apegada aos seus calçados corporativos. Na verdade, Brooks percebeu que estava passando pelos cinco estágios clássicos do luto: (1) negação ("Usarei saltos altos de qualquer jeito!"), (2) raiva ("Como é que a Nancy ainda consegue usar sapatos de plataforma?"), (3) barganha ("E se eu não usar os novos *o tempo todo*?"), (4) depressão ("Pareço o Mickey Mouse") e (5) aceitação ("Estou tão à vontade, é como andar nas nuvens").

Conforme envelhecemos, observa Brooks, o amortecimento natural de nossos pés afina-se, os tendões e os ligamentos enfraquecem e a curvatura fica plana. Com o passar do tempo, a dor ao ficar de pé e andar nos obriga a priorizar o conforto, porém perdemos um pouco a elegância. Como a mudança de "*sexy*" para "sensata" é muito visível no trabalho, a transição para o conforto pode literalmente mudar quem você é. Desistir dos saltos finos e adotar solas mais planas transmite para quem quiser ver: "Os meus pés estão no chão".

Brooks relutou em aceitar a sua condição "pés no chão". Mas, com os sapatos confortáveis, surge um outro ponto de vista na mesma mensagem: "Tenho ambos os pés no chão". Ter os dois pés no chão pode não ser sexy, mas o pragmatismo, senso comum e realismo sugeridos por sapatos sensatos são bens valorizados em empresas preocupadas com o lucro.

Os sapatos transmitem uma mensagem corporativa de bom senso. Com seus calçados sensatos, Brooks trabalhou como professora na Universidade de Yale e fundou a Faculdade para Campanhas Femininas, para o treinamento de mulheres no mundo todo que desejam ser candidatas. Brooks ainda frequenta sapatarias famosas que vendem sandálias sociais pretas de couro reluzente, e às vezes até as compra. Mas somente as calça em jantares mais discretos, onde não seja necessário andar nem ficar de pé – "Onde eu poderia mais uma vez balançar os pés com orgulho".

Calçar os sapatos de outra pessoa

A ligação entre os sapatos e a identidade corporativa é tão estreita que a expressão "calçar os sapatos de alguém" mereceu uma definição no *American Heritage Dictionary*: "Assumir o cargo ou as obrigações de alguém" (SOUKHANOV, 1992: 681). Em 2006, apenas dois anos antes de substituir Bill Gates como o maior executivo da Microsoft, Steve Ballmer disse: "Bill [Gates] e eu temos certeza de que contamos com uma ótima equipe que pode avançar, calçar os sapatos dele e seguir em frente com a inovação da Microsoft sem perder o ritmo" (CLARK, 2006). "Avançar", "calçar sapatos" e "sem perder o ritmo" aludem aos movimentos enérgicos e ao ritmo bípede da caminhada, como caminhar com confiança em direção a uma meta. Um pouco antes de Ballmer tornar-se presidente, os jornalistas comentaram figurativamente sobre o "tamanho grande" dos sapatos de Bill Gates. Um deles advertiu que "Steve Ballmer terá de calçar sapatos enormes".

Literalmente sabemos algo sobre os sapatos que Steve Ballmer calça no trabalho graças a uma entrevista que ele deu ao magnata dos sapatos Dan Nordstrom. Na época da entrevista, em 1999, Nordstrom era presidente e diretor executivo da maior sapataria do mundo, a Nordstrom.com, com um estoque de aproximadamente 20.000.000 de sapatos. Explicando que havia acabado de comprar os sapatos que estava usando de uma loja de departamentos Nordstrom, Steve pediu que Dan mostrasse a sua loja virtual na internet.

Escolher entre 20.000.000 de sapatos é muito difícil, então Dan perguntou a Steve algumas coisas sobre ele para ajudar a reduzir as opções de possíveis milhões a apenas nove.

1) "Neste momento, você se sente masculino, feminino, ambos, ou nenhum dos dois?" (Resposta: masculino);

2) "O que você gostaria de fazer: tomar chá com a Rainha? Estrelar um vídeo da MTV? Percorrer 1,5km em 4 minutos? Ser o rei do mundo? Ou bronzear-se? (Resposta: Ser o rei);

3) "Com quem gostaria de almoçar: Kenny, do South Park, ou o agente secreto James Bond?" (Resposta: Bond).

Agora sabemos mais quem você é, explicou Dan. "Você é um cara de Wall Street, então reduzimos as possibilidades [entre 20.000.000] a um grupo de produtos que devem ser relevantes ao que você procura," Dan falou na entrevista. "Então [Dan prosseguiu], temos, nesse caso, sapatos executivos... e aqui estão 9 itens diferentes [para escolher]" (BALLMER, 1999).

As fotos de Steve Ballmer mostram-no calçando *oxfords* executivos castanho-escuros, de ponta larga e sola grossa, bem parecidos com os Positanos, da Banana Republic. Se ele estivesse calçando tênis de basquete branco-*marshmallow* quando ingressou na Microsoft em 1980, dificilmente teria chegado a presidente e diretor executivo. Na verdade, Bill Gates nem teria contratado Ballmer para ser o gerente executivo da empresa. Cada um dos 20.000.000 de sapatos que Dan Nordstrom ofereceu *online* tinha coisas a revelar. Certamente, tênis branco-*marshmallow* – se disponíveis – teriam dito a coisa errada.

Donna Sozio, que se autonomeia "sapatóloga" (ela se intitula "Dra. Sola"), de Marina del Rey, Califórnia, é a fundadora do que chama de "teoria do reflexo" dos sapatos masculinos. Como Sozio, autora de *Never Trust a Man in Alligator Loafers* (2007), disse a Melissa Heckshear, do LA.com, "A relação do homem consigo mesmo reflete-se na sua relação com os objetos. E isso se reflete na sua relação com todo o resto. A maneira pela qual ele trata os sapatos é uma indicação de como ele tratará você" (HECKSHEAR, 2008).

Sapatos largos de basquete, por exemplo, revelam alguém inseguro que precisa do grupo ao seu redor para sobreviver. "O basquete é um esporte em equipe," Donna disse a Melissa. "Provavelmente ele se sente mais à vontade em grupos. E sapatos grandes são um sinal de proteção" (HECKSHEAR, 2008). Os sapatos dizem que ele provavelmente ficaria com os amigos antigos em vez de criar laços com novos parceiros ou colegas no trabalho.

"Eu pensava, 'Ah, Donna, deixe de ser superficial, são apenas sapatos'" ela explicou. "Mas aquelas mesmas qualidades de que eu não gostava nos sapatos surgiram em meus relacionamentos três meses, seis meses, nove meses mais tarde. Os relacionamentos precisam de manutenção, reparos, precisam ser polidos, assim como os sapatos" (HECKSHEAR, 2008). Na verdade, os sapatos que você calça no trabalho hoje dizem muito sobre os sapatos que você pode usar amanhã.

Não há outro lugar onde os sapatos representem tanto a identidade como no trabalho. Como espelham a sua personalidade com tamanha precisão, os sapatos estão entre os sinais mais reveladores. No próximo capítulo, passaremos das partes do corpo – dos pés e dedos, mãos, olhos, ombros, rostos, lábios, roupas e cabelo – para os espaços e lugares corporativos onde elas são continuamente expostas durante oito horas por dia, doze meses por ano. Como o espaço do seu trabalho afeta o que o seu corpo faz todos os dias?

9
Dimensões críticas do espaço no trabalho

Cada centímetro cúbico de espaço é um milagre.
Walt Whitman. "Milagres". *Folhas de relva.*

Enquanto a fronteira final da humanidade – o espaço – é aberta, vasta e curva, o espaço no trabalho é limitado, geralmente apertado e quase sempre linear. No plano terrestre, o espaço é tão concorrido que nós o fatiamos e dividimos em milhões de salas, em sua maioria retangulares, como caixas, pelas quais os colegas brigam perenemente. No mundo corporativo, muito tempo é gasto em lutas por espaços privilegiados de espaço.

Antes de me tornar consultor, passei muitos anos trabalhando em empresas. Como eu havia estudado antropologia, e não administração, via o mundo empresarial através de lentes exóticas. Em vez de chefes e gerentes, eu via chefes tribais e líderes. Em vez de troféus e normas corporativas, eu via totens e tabus. As reuniões semanais eram rituais, os piqueniques da empresa eram *corroborees* (um tipo de ritual cerimonial aborígene). A cultura corporativa tinha um visual e um clima tangíveis, e os gestos eram tão claros para mim quanto as palavras ditas e escritas. Em relação ao espaço da empresa propriamente dito, o que eu via não eram centímetros e metros quadrados, mas território corporativo. Eu percebi que a diretiva principal do espaço no trabalho é que não podemos ir e vir livremente. Há regras culturais e limites biológicos – limites explícitos, além de implícitos e sutis, a observar – em toda parte.

Um dos meus *habitats* de trabalho (cujo nome não revelarei para proteger os inocentes) foi um edifício pardo de quatro andares em Washington, D.C., ao norte de Dupont Circle. A minha sala no primeiro andar tinha enormes janelas em forma de sacada e uma vista abrangente da New Hampshire Avenue, ladeada de olmos. Eu adorava olhar os olmos e observar as pessoas caminharem pelas calçadas retas.

Vários meses depois que eu havia iniciado em meu emprego de diretor, contratamos uma nova diretora, Jayne, para ocupar um cargo semelhante ao meu. Depois de observar a minha sala, Jayne passou a desejá-la. Sem eu saber e a portas fechadas, ela começou a tentar persuadir o nosso chefe, alegando que seria mais eficiente se *ela* ficasse lá, e que eu ficasse com a sala sem janela que ela ocupava. "David ficaria mais perto da equipe dele", ela explicou.

Como eu era um novato, ainda não havia aprendido que quase tudo é negociável no mundo empresarial. Eu não percebi que poderiam negociar com muita facilidade e eficiência para que eu saísse da minha sala. Além disso, a nossa nova funcionária era uma veterana que havia trabalhado por muitos anos na burocracia de Washington e entendia os nós diplomáticos. Sentindo, acho que por instinto animal básico, que o meu espaço estava em perigo, encomendei alguns móveis de trabalho para preencher o cantinho à esquerda da minha mesa. Os móveis foram instalados imediatamente.

Como a nova mesa do computador era minha e não caberia em nenhum outro lugar a não ser naquele cantinho, o meu chefe concordou que eu deveria continuar ali. Sem a vantagem material bastante visível – uma mesa em perfeitas condições, cheirando a móvel novo – tenho certeza de que a minha colega teria abocanhado o meu espaço. Como o chefe estava hesitante, sou grato por meu instinto haver entrado em ação e encontrado uma solução. Naquele momento, percebi que um sinal tangível de posse era o sinal perfeito a transmitir.

Embora Jayne e eu tenhamos nos tornado bons amigos mais tarde, ela sempre comentava sobre a minha vista maravilhosa da New Hampshire Avenue. Tudo o que eu podia fazer era sorrir, balançar a cabeça e concordar. Ver o mundo da janela do meu espaço de trabalho realmente era uma dádiva.

Os mais antigos escritórios

Milhares de anos antes dos teclados e das salas com divisórias, existiu o primeiro escritório. Nesse antigo espaço de trabalho, o protocolo do vestuário era ainda mais descontraído do que o atual "visual informal de trabalho". O típico funcionário mesopotâmico de cerca de 2.300 a.C. era um contador chamado *dubsar* ou "escriba". Ele (a maioria dos escribas era masculina) tinha cabelo comprido, barba, peito nu, calçava sandálias com os dedos de fora e usava uma vestimenta que parecia uma saia, amarrada na cintura. Ele não trabalhava numa sala com divisórias, tampouco digitava e olhava para um monitor. As paredes do escritório eram de tijolo de barro e argamassa. Sua mesa era retangular e de madeira, perto de uma janela aberta. A luz do sol, o ar fresco e os aromas culinários vindos da agitada cidade murada flutuavam no ar. Ao contrário dos agricultores mesopotâmicos, que mourejavam sob sol e calor, os escribas trabalhavam confortavelmente sob o teto, à sombra.

Um escriba chamado Likul ocupava um escritório assim. Likul (apelido de Likulubishtum) gostava do seu cargo de contador. Ele era responsável pelas transações do templo, pelos funcionários e estoque. Uma de suas funções era redigir contratos, como o contrato que elaborou para um cliente chamado Sini. Sini havia comprado um escravo de Ilu por dez siclos. Em vez de registrar a transação no *laptop*, Likul usava um estilete de junco, que segurava com a mão direita e fazia talhos em tábuas feitas de barro, do tamanho da palma da mão, apoiadas na mão esquerda. Depois de secar, as tábuas com escrita cuneiforme eram arquivadas em jarros de cerâmica como registros permanentes do negócio.

A rotina diária do antigo escritório de Likul – ver clientes, guardar registros, redigir relatórios, prestar contas de lucros e prejuízos – era um pouco diferente dos escritórios atuais. Nós também nos reunimos a cada dia de trabalho em salas retangulares, usamos mesas retangulares, vemos clientes e registramos os resultados de nossa faina diária. Como Likul, usamos movimentos sensíveis e manipulativos de nossas papilas táteis da ponta dos dedos para selar as transações permanentemente por escrito. Embora a viagem do estilete para o *mouse* e o teclado pareça imensa, os módulos cerebrais que capacitam os nossos dedos a manipular essas ferramentas de trabalho permaneceram os mesmos. Com treinamento, nós também poderíamos aprender a escrita cuneiforme, assim como Likul poderia aprender a usar o *Word*.

Fazemos suposições informadas a respeito do antigo trabalho de Likul com base nas descobertas dos arqueólogos. Os arqueólogos revelam o passado desenterrando restos materiais – "cacos" tangíveis e geralmente não verbais – deixados para trás há centenas ou milhares de anos. No caso de Likul, os restos eram fragmentos de cerâmica, ruínas de paredes, incrustações pictográficas e inscrições em tábuas de barro de 4.000 anos (uma das quais era o contrato cuneiforme de Likul para a venda do escravo mencionado).

Os arqueólogos reclamam da pobreza de detalhes de suas descobertas. Os cacos revelam apenas o básico sobre o que acontecia há tantos anos. O que realmente sabemos é que o mesopotâmio Likulubishtum trabalhou como escriba. Mas exatamente onde ficava o escritório de Likul? Quem era seu chefe? Como Likul decorava, se é que decorava, o seu espaço de trabalho? Ele se dava bem com os colegas, seguia a política do escritório, retinha informações de clientes? Likul era um líder? Era bem-sucedido? Em arqueologia, esses fatos estão perdidos no tempo, para a nossa frustração.

Sinais do trabalho

Os sinais acenam de cada metro quadrado do espaço corporativo. A sala média de um presidente, de 30m^2, é cinco vezes maior do que a típica sala com divisórias, de 6m^2. Ao passo que as paredes sólidas sugerem permanência, as repartições móveis indicam transitoriedade. A mensagem dominante do espaço no trabalho – quanto maior, melhor – é transmitida em todos os dias do exercício. A mensagem é incessantemente repetida, mês após mês, para incutir o seguinte ponto: os funcionários que ocupam espaços grandes são mais importantes do que os funcionários que ocupam espaços pequenos.

O tamanho não é importante para todos, porém. "Adoro minha salinha", Andrea, 20 anos, escreve em seu *blog*. Sem se importar com os diferenciais de tamanho, ela está feliz em seu cubículo. "Tive poucos espaços em minha vida que foram completamente meus. Tudo tem seu lugar e cabe nele. E eu o enfeito e coloco tudo em ordem. Ouço muitos comentários – 'Puxa, o seu espaço de trabalho é perfeito' – e coisas assim. Você pode achar que eu estou exagerando, mas não estou. É um bom espaço" (ANDREA, 2006).

Andrea toca num ponto revelador sobre o espaço no trabalho. Não importa se você ama ou odeia salas com divisórias, a forma pela qual você decora os seus 6m^2 transmite uma atraente mensagem sobre quem você é, como se sente, do que gosta e onde gostaria de estar. O seu espaço é um boletim não verbal sobre você.

Sinais sem decoração na sala também podem ser reveladores. Você pode ter notado uma garrafinha rosa de Pepto-Bismol na prateleira do colega. Embora ele não fale sobre a pressão do trabalho, a presença de um remédio para o estômago ao alcance poderia ser um sinal de estresse crônico. O estresse no trabalho é o motivo que leva lojas de suprimentos para escritórios, como a McWhorter, no Edifício J do amplo complexo de escritórios da Cisco Systems, em San

Jose, Califórnia, a estocar Pepto-Bismol. Não é necessário deixar o edifício para se reabastecer, e os colegas veem mais uma vez o conhecido sinal de desconforto no trabalho sobre a sua prateleira.

Controlado pelo cérebro entérico primitivo, o estresse no trabalho não segue a razão. O sistema nervoso entérico é uma coleção vasta de células e circuitos nervosos na área do intestino, de tal complexidade que foi chamado de "segundo cérebro". Independente do cérebro propriamente dito de várias formas, o sistema entérico tem mente própria e expressa-se não verbalmente em reações viscerais no trabalho, como sensações de enjoo, com náusea, ânsias de vômito e dor abdominal. Todos os três sintomas acontecem nas salas do andar térreo da empresa, que alguns jocosamente chamaram de "*Playground* Pepto-Bismol". Inventado em 1901 para tratar o cólera infantil, o Pepto-Bismol é um sinal dos tempos nos locais de trabalho de hoje, onde há muita pressão.

Espaço no trabalho para 45.000

O tamanho do edifício da sua empresa é uma declaração não verbal sobre a importância do seu trabalho. Um dos maiores edifícios do mundo é o Empire State Building, na cidade de Nova York, com 102 andares, e considerado uma das Sete Maravilhas do Mundo Moderno. Abrigando 1.000 empresas, o Empire State Building recebe aproximadamente 21.000 funcionários todos os dias úteis.

Visto da rua, o edifício de aproximadamente 1.400m de altura é tão imenso que faz você se sentir muito pequeno, assim como fez com o mítico primata King Kong. Você se sente pequeno e fraco diante dele. Enquanto isso, os funcionários que sobem a suas empresas diariamente experimentam uma sensação de poder derivada da densidade do edifício. A área dele – mais de 200.000m^2 de espaço empresarial – é simplesmente avassaladora.

A verticalidade assombrosa do Empire State Building aciona o que os biólogos chamam de "resposta avultante". A resposta avultante é uma reação visual automática que transmite deferência inata a objetos grandes. Artefatos humanos de grande magnitude, como arranha-céus, pirâmides e a represa Grand Coulee, parecem majestosos, poderosos e ameaçadores. Por serem tão gigantes, inspiram respeito imediato. Recursos naturais impressionantes – montanhas altas, grandes rochas e árvores altas – também são vistos com assombro por povos nativos que os consideram sagrados.

Como conhecem o poder não verbal do tamanho, os construtores codificam o efeito avultante em seus projetos. As torres do Deutsche Bank, com 155m de altura, a Torre Eiffel, com 325m de altura, e a Willis Tower (antiga Sears), 412m de altura, foram construídas para inspirar assombro. Para se glorificar, o empresário Donald Trump abriu o Trump International Hotel & Tower, com 92 andares, em Chicago, o prédio mais alto já construído nos Estados Unidos desde a Torre da Sears. Na Bolonha, Itália, as famílias poderosas do século XII construíam torres simplesmente para ver qual era a mais alta. Estima-se que dezenas de torres familiares funcionalmente inúteis tenham pontilhado a paisagem da cidade. Apenas duas restaram.

A prova de que o efeito avultante está em voga nos negócios é a proposta da incorporadora imobiliária Nakheel de construir um arranha-céu quilométrico em Dubai com espaço para 45.000 salas. A torre, de 1km de altura, eclipsaria a estrutura mais alta atual, o Burj Dubai, de 560m, em mais de 400m.

No edifício do meu escritório em Washington, D.C., Nicole, nossa recepcionista, tinha o hábito peculiar de afixar recados em autoadesivos amarelos sob sua mesa. A mesa em si era organizada, porém o caos era visível sob ela. Recados em *post-it* amarelos espalhavam-se por toda parte, a maioria com rabiscos, alguns em branco. Nicole era bastante agradável, mas a confusão de tantos adesivos sob sua mesa – nas gavetas e compartimentos – transmitia todos os sinais errados.

"Por que aqueles adesivos?", todos comentavam no escritório e, sem Nicole saber, alguns a chamavam de "colecionadora de quinquilharias". Apesar do desempenho real de Nicole, o cenário fazia com que ela *parecesse* menos qualificada, o que não aconteceria se a sua mesa ficasse limpa. Todos que percebiam o acúmulo desordenado interpretava-o como um sinal inadequado ou anormal. Os seus adesivos compulsivos dificultaram a sua promoção para o cargo seguinte do nosso escritório: assistente de programas. Os seus sinais de trabalho foram eloquentes, e ela nos deixou depois de apenas três meses.

Uma coisa é afixar adesivos na sua própria mesa, e outra bem diferente é afixá-los na mesa de um colega. Ao colar um adesivo no monitor de um colega, por exemplo, talvez você deliberadamente ultrapasse os seus limites. Ao passo que os adesivos ao redor do perímetro da sua tela são informativos, com números de telefone e datas de reuniões, aqueles colados na frente da sua tela de um dia para o outro pelos colegas são descaradamente invasivos. Você foi pichado pelo grafiteiro da empresa, que afixou uma mensagem não falada de madrugada: "ANTES DE QUALQUER COISA, LEIA-ME!"

O abuso de adesivos é uma situação recorrente em muitas empresas americanas. No escritório de uma organização sem fins lucrativos no norte da Virginia, por exemplo, Brad deparava-se uma vez por mês com um recado quadrado amarelo-pálido, medindo uns 7cm, colado no meio do seu monitor. O amarelo é um tom altamente visível usado como sinal de alerta em estradas, com o fim de chamar a atenção. Embora o amarelo vivo sugira o brilho amistoso do sol, matizes mais pálidos projetam um clima desagradável e irascível de hostilidade. A mensagem do recado mensal para Brad, escrita em letras maiúsculas pretas, era sempre a mesma: "PRECISO DO SEU RELATÓRIO MENSAL!"

O colega que enviava o recado trabalhava duas portas depois de Brad. Em vez de ir até a sala para lembrar Brad pessoalmente, talvez com um sorriso, ele esperava até Brad sair para colar o recado em seu monitor. Ele precisava abordar Brad tocando o monitor com seu recado pegajoso. Esse homem também deixava memorandos sobre as cadeiras dos colegas enquanto eles estavam almoçando. O seu estilo não era direto e pessoal. Como observou Marshall McLuhan, teórico canadense da comunicação, o meio é a mensagem. Para Brad, evidentemente, o recado em *post-it* era doloroso.

Em entrevistas com funcionários das áreas de educação, processamento de dados e saúde, descobri que muitos têm um sobressalto ao se depararem com os recados adesivos em seu monitor. Os quadradinhos impertinentes e afiados revelam que alguém ultrapassou o limite com uma exigência que não pode esperar. No mínimo, você precisa remover o recado para usar o computador.

Embora os recados em *post-it* sejam um ritual irritante, eles são o mínimo se comparados ao que alguns chamam de "guerra dos adesivos". Em uma séria guerra adesiva, as mensagens são fisicamente destemidas e visualmente estridentes. Elas exigem um contra-ataque. O gerente ataca unilateralmente com a mensagem aparentemente benigna: "Você atingiu a meta?" Mas usa 17 caracteres – em letras garrafais – para explicitar a questão.

Você volta do almoço e encontra o seu computador asfixiado pelo adesivo. Para retaliar, você desperdiça outros 32 caracteres para responder: "Sim, eu consegui atingir a minha meta!" Poucos sinais de trabalho são tão reveladores dos problemas pessoais e do mal-estar corporativo como esses. Felizmente, essas batalhas ritualísticas são raras. Se você for vítima de excesso de *post-its*, desarme a questão com um encontro cara a cara. Ao apresentar-se pessoalmente como o meio para a sua própria mensagem, é mais provável obter um cessar-fogo. O contato ocular é a regra número 1 da diplomacia.

Diga não às quinquilharias!

Espalhar recados adesivos obsessivamente não é visto com bons olhos por uma nova filosofia de controle da desorganização no trabalho conhecida como "5S." Os partidários dos 5S – os S significam "separar" (*sort*), "arrumar" (*straighten*), "polir" (*shine*), "padronizar" (*standardize*) e "manter" (*sustain*) – esforçam-se por impressionar a gerência, a equipe e os clientes com a ordem lógica e a limpeza conspícua da empresa. Os papéis devem ser arquivados, as ferramentas devem ser guardadas em gavetas especificamente marcadas, e quinquilharias, como enfeites e bolinhas de borracha, devem ser deixadas em casa. A ideia é criar um espaço de trabalho eficiente com "irracionalidade reduzida" que os outros possam usar em sua ausência.

Os 5S foram levados à América pelo setor fabril do Japão. A palavra japonesa *seiri* (separar) significa livrar-se de todos os itens não essenciais do seu espaço de trabalho, inclusive obras de arte pessoais, fotos de família e vasos de planta. *Seiton* (organizado) significa arrumar e guardar os itens no espaço para a máxima eficiência. *Seisó* (varrer) significa manter a sua área de trabalho impecavelmente limpa de modo a refletir eficiência e aumentar a motivação. *Seiketsu* (padronização) e *shitsuke* (disciplina) completam os cinco.

Como a cultura corporativa estadunidense favorece mais o individualismo do que o trabalho em equipe, houve certa confusão com os 5S nas centenas de empresas que agora privilegiam essa ética de organização, e não a expressão pessoal. Na sede estadunidense da Kyocera Corp., em San Diego, Califórnia, por exemplo – que começou o próprio programa 5S em abril de 2008 – alguns funcionários precisaram de instruções do inspetor de 5S da empresa, Dan Brown (JARGON, 2008: AI). Brown pediu ao departamento contábil que retirasse de uma porta um gancho não autorizado, por exemplo, mas autorizou a presença da estatueta de uma baleia numa sala do departamento.

"É preciso perceber como equilibrar a exigência em demasia com a manutenção do objetivo do programa," disse Brown (JARGON, 2008: AI). A mensagem não falada de uma empresa adepta dos 5S é: "nós" é mais importante do que "eu". Poucos sinais corporativos são tão culturalmente arraigados como aqueles que favorecem o grupo, e não o áspero indivíduo. Quando as quinquilharias saem de cena, o trabalho em equipe prevalece.

Lendo Triptych

Um ato aparentemente pequeno no edifício da empresa, como instalar uma escultura, pode ter um grande significado. Na década de 1960, a presença no One Chase Manhattan Plaza, na cidade de Nova York, da "Triptych," escultura de Jason Seley, previu uma séria luta de poder em uma das maiores instituições financeiras do mundo. A guerra entre o presidente do Chase Manhattan Bank, o progressista David Rockefeller, e o copresidente, o conservador George Champion, durou uma década. Como um vaticínio, o alinhamento artístico dos para-choques cromados de Seley foi como um sinal de alerta de que os maiores líderes do banco estavam em conflito feroz.

O para-choques é uma barra de metal ou borracha localizada nas extremidades do automóvel para amortecer o impacto da colisão. Recolhidos no ferro-velho, os para-choques de Seley foram soldados e formaram uma lustrosa obra de arte moderna. Com os para-choques habilmente unidos, como humanos, eretos em postura bípede, a escultura foi montada numa parede de ladrilhos vermelhos, no *hall* da sede do Chase.

Por olhos empresariais, a "Triptych" pode ser vista como um símbolo *yin-yang* de cooperação corporativa (alinhamento da equipe) e concorrência (capacidade de colidir). Logo depois que a diretoria do Chase anunciou a nomeação conjunta dos presidentes, em outubro de 1960, a escultura de Seley passou a refletir o enigma não dito de que Rockefeller e Champion simplesmente não conseguiam concordar com nada. Como cada um tinha poder de veto sobre a decisão do outro, nada novo foi implantado.

Rockefeller queria a "Triptych" exibida ao público no *lobby* como uma declaração não verbal da modernidade e do pensamento inovador do Chase. Mas a estreia da escultura não saiu como o planejado.

"O nosso erro," explicou Rockefeller, "foi montá-la na hora do almoço". Quando alguns funcionários do Chase avisaram Champion (que decorava a sua sala com antiguidades) que uma "pilha de para-choques" futurista estava sendo montada, ele vetou o projeto sumariamente. Sem dizer nada a Rockefeller, Champion ordenou a remoção da escultura e venceu a primeira batalha da obra de arte.

Mas ele não ganhou a guerra. David Rockefeller esperou o momento propício, comprou a "Triptych" e levou-a a uma turnê de um ano. Depois, num fim de semana, quando havia pouca gente nos arredores, reinstalou-a no Chase Manhattan Plaza, no mesmo *hall* onde permanece até hoje.

Rockefeller acabou sendo eleito o único presidente do Chase. Então, conseguiu efetivar mudanças para internacionalizar o banco além da visão conservadora de Champion de preservar a instituição nacional. Como Rockefeller escreveu em suas memórias: "O episódio dos 'para-choques' revelou muito sobre a minha relação com George, na maioria das vezes indireta e em geral através de intermediários. Sempre que possível, evitávamos um confronto aberto" (ROCKEFELLER, 2002: 177). Como um sinal não escrito da discórdia no Chase em seu mais alto nível de poder, a escultura de Seley fez uma revelação profética, para não dizer muda.

Já no cargo de copresidente, David Rockefeller sinalizou a sua ambiciosa intenção de criar um banco mundial. Aqueles que leram seus sinais sabiam o que estava por vir.

Obras de arte corporativas conspícuas podem ser um sinal mudo das mudanças, situação e visão de mundo da empresa. O que pende das paredes pode falar muito sobre as perspectivas e a saúde da empresa. Os negócios podem dizer aos funcionários que está tudo bem, mas, quando a diretoria leiloa o acervo de obras de arte da empresa, o espectro de problemas avizinha-se.

Pense no que aconteceu em 17 de outubro de 2005, por exemplo, quando a corretora do mercado de futuros de Nova York, Refco Inc., pediu concordata. Em novembro e dezembro daquele mesmo ano, a Refco retirou centenas de cobiçadas obras de arte das paredes de seus escritórios de Nova York e Chicago. Em 2006, 321 das fotografias de arte da Refco foram leiloadas a $9.7 milhões na Christie's. Embora fosse evidente que a Refco estava com sérios problemas financeiros antes do leilão, o fato de as obras terem sido retiradas sinalizou que a empresa jamais voltaria.

Pensando fora do retângulo

O espaço corporativo fala de modo claro, consistente e contínuo. Para aqueles que passam oito horas por dia juntos nas áreas comuns médias de 20m², o espaço pode parecer pouco. No contexto pré-histórico, considere os nossos ancestrais, caçadores-coletores que passavam os dias num espaço estimado de mais de 1.000km² de savanas africanas. Comparado às savanas abertas, o espaço de trabalho atual pode parecer terrivelmente apertado.

A empresa moderna usual é o que eu chamo de Espaço em Situação Retangular (RSS – *Rectangular Status Space*). O desenho RSS consiste em um esquema de grade de salas retangulares e separadas por paredes, cujas dimensões refletem a situação do funcionário na firma. Via de regra, maior é sinônimo de melhor.

Uma empresa onde trabalhei cai como uma luva no RSS. Quando eles mudaram de uma casa numa cidade do interior para um alto edifício comercial no subúrbio, a sua situação em relação ao espaço não mudou. A sala do chefe ainda era a maior, com janelas nas duas paredes. Os executivos de escalão mais baixo tinham salas da metade do tamanho da sala do chefe, com janelas em uma parede. Segundo a métrica RSS, esses executivos deveriam se sentir metade do tamanho do chefe. A equipe de apoio ficava no interior da firma, em salinhas retangulares que mediam mais ou menos um terço do tamanho das salas dos executivos, com divisórias – e não paredes – e sem janelas. A recepcionista ficava na salinha mais solitária de todas, apartada de todos, na entrada, perto das portas de vidro. Bem no centro da empresa, havia uma ampla sala de reuniões – espaçosa, retangular e sem janelas – que ficava vazia a maior parte do tempo.

Observando os sinais, vendedores e visitantes da nova empresa sentiam que algo estava errado. Eles viam ombros desanimados, olhos sem inspiração e rostos vazios. Ouviam vozes cansadas, monocórdias ou o silêncio. Sentiam, com razão, um clima de depressão. Os funcionários passavam a maior parte dos dias sozinhos em retângulos e caminhavam vagarosamente pelos corredores como se andassem sob a água. A falta de energia, a pouca colaboração e a inexistência de espírito de equipe eram visíveis.

Para apoiar os funcionários, os diretores recomendaram um exercício de construção de equipe. A equipe reuniu-se com instrutores na sala de reuniões e aprendeu maneiras de ser mais colaborativa. A partir da primeira sessão, os funcionários sentiram-se melhores. O entusiasmo ecoava nas vozes, e a excitação era visível nos sorrisos. Porém, cada vez que saíam do treinamento e voltavam a suas paredes beges, carpetes cinza e espaços retangulares cheios de caixas de correspondência, armários de arquivos e mesas, infalivelmente angulares, a sensação de união esvaía-se. Mais uma vez estavam eles à mercê de seu espaço e seus ângulos retos, quadrados e incansavelmente repartidos. A hierarquia embutida e as divisórias das salas mantinham-nos estruturalmente distantes.

Essa empresa enferma precisava de uma remodelação não verbal. A estrutura causava uma perturbação funcional. A empresa deveria ter reciclado as paredes e as divisórias – eliminando-as – e aberto a sala de reuniões para agregar espaço. Eles deveriam ter deixado a luz do sol entrar para mais funcionários; pintado as paredes beges de amarelos e laranjas energéticos; arrancado os carpetes; polido o chão de concreto; e exposto o teto em estilo *loft*. Deveriam ter adicionado mobília mais suave, mesas mais redondas, áreas comuns e áreas de visitação informal. Ademais, deveriam ter menos salinhas e cubículos predeterminados, e deixar os funcionários usarem espaços privados para reflexão, se necessário. As pessoas deveriam ser capazes de ir e vir livremente numa empresa aberta, além de interagir com os colegas para saber o que fazem no trabalho.

Mas não houve repaginação. A empresa permaneceu retangular por muitos anos depois que eu terminei meu trabalho lá. A estrutura RSS tradicional prevaleceu. Por fim, muitos funcionários pediram demissão ou aposentaram-se, e o programa de publicações, que era o maior departamento da firma, foi terceirizado. Uma mudança de espaço na empresa teria incrementado a colaboração e o espírito em equipe? Tendo em vista o que muitas empresas estão fazendo atualmente, provavelmente sim. Cada vez mais, as empresas vêm sendo bem-sucedidas ao reestruturar e permitir que os funcionários pensem fora do retângulo.

Um exemplo é a Cisco Systems, a multinacional de tecnologia de rede e comunicação de San Jose, Califórnia. A Cisco conseguiu renovar a sua planta retangular e criar um espaço colaborativo no Edifício 14, no *campus* da sua sede em San Jose. Logo depois, o protótipo do espaço foi instalado em outros pontos nos Estados Unidos e em Osaka, Japão.

Introduzido no Edifício 14, em fevereiro de 2006, a "empresa conectada" da Cisco corrigiu todos os problemas relativos à estrutura da firma. Demolir paredes e eliminar salas de reuniões formais, salas privadas e salinhas permitiu que os funcionários da Cisco literalmente pensassem "fora da caixa", com independência. Sem assentos, mesas nem espaços predeterminados, e com telefones compartilhados e PCs sem fio, os funcionários conseguiam ser mais colaborativos no trabalho. Os funcionários podiam trabalhar em equipes de duas ou mais pessoas, ou trabalhar sozinhos, dependendo do projeto em andamento. O percentual de funcionários "extremamente satisfeitos" com a nova estrutura cresceu em 35%, quase o dobro dos 18% obtidos em relação à estrutura anterior da empresa. Como observou o vice-presidente de imóveis conectados da Cisco, Mark Golan: "Quase todos que entram no Edifício 14 sorriem e balançam a cabeça" (BACON, 2007).

Os melhores espaços de trabalho

Quais são os sinais de uma empresa saudável? O que você precisa procurar para saber se seria feliz trabalhando na empresa à qual se candidatou? Considere alguns sinais positivos identificados pela Winning Workplaces, de Evanston, Illinois, uma organização sem fins lucrativos cuja missão é "ajudar as organizações a criar ótimos locais de trabalho". Nos melhores locais de trabalho, você verá sinais de que a empresa oferece mais do que apenas trabalho. Eis alguns itens a buscar:

• *Mesa de pingue-pongue e bolas de futebol.* A presença de uma mesa de pingue-pongue ou bola de futebol na empresa é um sinal positivo de que os colegas não apenas trabalham juntos, mas dão-se bem o suficiente para jogar juntos. Ambos os sinais são visíveis na Decagon Devices Inc., fabricante de instrumentos científicos, em Pullman, Washington. Assim como as outras empresas descritas, a Decagon foi eleita um dos 15 "Melhores Pequenos Locais de Trabalho" pela Winning Workplaces e pelo *Wall Street Journal*. Para encorajar o trabalho em equipe nos intervalos, os colegas da Decagon jogam partidas de pingue-pongue e futebol. Ao contrário de muitas empresas, a Decagon incentiva a socialização dos funcionários no trabalho.

• *Comida caseira.* Você vê funcionários compartilhando comida caseira? No local de trabalho, compartilhar a comida é um sinal positivo. Quando os pratos são preparados em casa, o ato de compartilhar é ainda mais positivo. A mensagem subjacente é que os membros da equipe tratam-se como se fossem da mesma família. Na Decagon, por exemplo, os funcionários almoçam pratos trazidos de casa regularmente às quartas-feiras. Os colegas comem juntos em grupo, socializam-se e compartilham informações sobre a empresa. Para os primatas, a hora das refeições é o período mais sociável do dia. A ansiedade causada pelo clima "luta ou fuga" é substituída por sensações mais calmas de descanso e digestão que estimulam a camaradagem e o trabalho em equipe.

• *Sessões de conversa pessoal*. Se você vir a equipe sentando-se junto com os gerentes semanalmente, é um sinal de boa administração. Em algumas empresas, sentar-se individualmente com o chefe acontece apenas uma vez ao ano, na avaliação de desempenho. Esse não é o caso, felizmente, na Integrated Project Management Company (IPM), em Burr Ridge, Illinois, onde os funcionários sentam-se com seus chefes uma vez por semana para discutir o progresso e o desempenho no trabalho. O presidente da IPM, Richard Panico, compara as reuniões de encontro individual a sessões de *coaching*. Ao enfatizar a honestidade e a integridade nas reuniões semanais, os funcionários da IPM não perdem de vista as questões éticas no trabalho. Se os chefes da Enron, da Arthur Andersen e da Lehman Brothers houvessem se reunido individualmente com os funcionários com mais frequência, essas empresas poderiam não ter falido.

• *Retorno*. Você vê as pessoas oferecendo-se para atos filantrópicos além do trabalho? A empresa reserva espaço para os funcionários trabalharem em projetos para organizações como Unicef, March of Dimes e Cruz Vermelha? É um sinal positivo que demonstra compromisso com causas, não se preocupando apenas com o lucro. Na Redwoods Group Inc., uma seguradora sediada em Morrisville, Carolina do Norte, os funcionários dedicam, no mínimo, 40 horas a trabalhos voluntários por ano – no horário de trabalho. Além disso, a Redwoods solicita que os funcionários participem de faxinas comunitárias e campanhas de arrecadação de alimentos. Kevin Trapani, fundador da empresa, disse que a Redwood precisava dar aos funcionários "algo para que se sentissem realmente bem ao chegar ao trabalho" (SPORS, 2008: R9).

Tome cuidado no trabalho

No fim de uma tarde de quinta-feira em Washington, D.C., eu estava em minha mesa, usando o computador, quando uma colega chegou e sentou-se na cadeira ao meu lado. "Ele vai ser demitido," disse em voz baixa. "Hoje à noite."

"Quem?"

"O Bart, da contabilidade," ela respondeu.

"O Bart? O nosso contador júnior? Por quê?"

Eu gostava de Bart. Ele sempre me cumprimentava com um sorriso quando eu passava perto de sua mesa. Sempre vestia uma alinhada camisa branca e uma gravata colorida. Sempre tinha algo simpático a dizer, com senso de humor, voz clara e branda. Nunca falava mal dos colegas. Mantinha sua mesa limpa.

"Por que o Bart?", perguntei de novo.

"Não sei por que [respondeu minha colega], mas sei que será nesta noite e eu não quero estar aqui quando acontecer. Até amanhã!"

O dia seguinte foi surpreendente. Na sexta-feira de manhã, percorri meu trajeto usual pela Av. New Hampshire até a empresa. Vendo o sinal verde, atravessei a rua próxima ao meu edifício e vi dois policiais de guarda na entrada. O que mais chamou a minha atenção, porém, foram as marcas e manchas de tinta amarela escorrendo das paredes de tijolos marrons, janelas e porta de madeira. No mínimo dois galões de látex viscoso e meio brilhoso haviam sido jogados em nosso edifício. Como a janela da minha própria sala também havia sido pintada, o vandalismo parecia pessoal.

"Bart!", pensei. Depois me perguntei por que o seu nome havia brotado com tanta facilidade em minha mente. Eu sempre gostei dele e ele nunca havia me feito mal. Mas de fato havia sido Bart, disse a polícia. Bem no início da manhã ainda escura de sexta-feira,

Bart e seu tio haviam sujado o nosso edifício com pinceladas aleatórias de tinta berrante. O tio já havia confessado. Enquanto isso, Bart havia voltado para a sua casa de infância, na Filadélfia, e um pequeno episódio de violência no trabalho terminou pacificamente, sem ninguém seriamente ferido. Nunca mais vimos o nosso contador júnior.

Naquela manhã, a minha pergunta (e a de todos) era se Bart voltaria com uma arma. Embora raros em episódios de violência no local de trabalho, incidentes de vingança podem acontecer e acontecem. Pense no caso de outro contador demitido e insatisfeito, Anthony LaCalamita, que de fato voltou à empresa com um revólver.

Assim como Brad, Anthony LaCalamita III, 38 anos, parecia calmo no trabalho. O seu chefe, Paul Riva, uma das três vítimas dos tiros na empresa de contabilidade, declarou em seu depoimento que LaCalamita "era responsável" e "sempre educado" (ANÔNIMO, 2008a). Os dias de educação de Anthony, porém, estavam contados.

Em 9 de abril de 2007, o ex-funcionário Anthony LaCalamita entrou no escritório do segundo andar da Gordon Advisors Accounting Firm em Troy, Michigan, munido de um revólver. Anthony havia sido demitido de seu emprego de contador na Gordon Advisors na semana anterior. Depois de entrar no prédio, ele passou – "audaciosamente", segundo a promotoria – pela recepção e dirigiu-se sem hesitação até a sala de Alan Steinberg (ANÔNIMO, 2008a). Steinberg, 48 anos, instintivamente levantou-se de forma a demonstrar coragem e defender seu espaço. Pensando que o revólver fosse de brinquedo, Steinberg tentou desarmá-lo. Anthony rapidamente atirou em seu ex-chefe, acertando o quadril e ferindo-o gravemente.

LaCalamita seguiu pelo corredor, passando por colegas encolhidos, com quem fez contato ocular, indo até a porta da sala do seu segundo ex-chefe, Paul Riva, 47 anos. Atirou e matou a recepcionista, Madeline Kafoury, 63 anos, na porta de entrada de Riva, talvez por ela ter ficado na frente. Depois, entrou na sala de Riva, disparou contra o seu peito – "imediatamente" declarou Riva – e, em seguida, descreveu a polícia, "saiu calmamente do prédio".

No caso de Anthony LaCalamita, assim como do contador júnior Bart, nenhum indicador de um possível incidente foi visto no trabalho. Não havia sinais visíveis, em ambas as empresas, de que os contadores poderiam causar algum mal. No trabalho, Anthony e Bart pareciam educados e perfeitamente calmos.

Como incidentes de trabalho assim podem acontecer sem sinais de aviso? Porque o trabalho é um palco montado para a mentira. Desde o currículo, passando pela solicitação de emprego e entrevista, desde o comportamento até o vestuário no trabalho – em todas as fases para conseguir e manter o emprego – a mentira está embutida no processo. Os currículos destacam os pontos fortes e omitem os pontos fracos. As entrevistas expõem boas qualidades e ocultam os defeitos. No trabalho, as mangas cobrem a tatuagem que você revela após o expediente. A dramaturgia no local de trabalho é coreografada para que você pareça adequado ao cargo e esconda algumas características inadequadas.

Indicadores de possíveis incidentes, como atos violentos, tapas ou socos, são mais visíveis fora do trabalho. Nos meses anteriores aos disparos, Anthony LaCalamita usou um pé-de-cabra para atacar um homem de 30 anos, golpeando-o na cabeça e surrando-o com a pesada ferramenta de aço. Se os seus chefes e a firma de contabilidade soubessem dessas agressões, poderiam ter previsto a invasão de Anthony. Durante o período tipicamente perigoso de duas semanas – o intervalo em que a maioria dos ataques de vingança acontece após um evento desencadeador, como uma demissão –, eles poderiam ter mantido as portas fechadas e contratado um segurança temporariamente.

Não é provável que o espaço do seu trabalho exploda em atos de violência, tampouco espera-se que o seu chefe comporte-se como um policial para proteger você no trabalho. Porém, o trabalho pode ser um *habitat* altamente estressante, volátil e superpopuloso, onde as emoções podem chegar perigosamente às alturas. Quando os colegas forem suspensos ou demitidos, dispense atenção extra a sinais de prováveis acidentes que alertem sobre possíveis ataques. Como Mark Ames explora em seu livro *Going Postal* (2005), disparos no local de trabalho estão se tornando mais comuns do que nunca.

***

O visual e o clima do espaço no trabalho e o que acontece dentro de suas três dimensões têm profundos efeitos sobre os funcionários. Em vários aspectos, o *habitat* de trabalho moderno é artificial para uma espécie que passou mais de 99% da sua pré-história vagando, caçando e colhendo em espaços ao ar livre. Neste capítulo, mostramos algumas dimensões ocultas do espaço no trabalho que contribuem com a saúde, a felicidade e a segurança no emprego. No próximo capítulo faremos uma análise detalhada de uma reunião de trabalho para decodificar a sua pauta não verbal. No trabalho os gestos realmente são tão importantes quanto as palavras.

10
Uma reunião decodificada

Até agora, você aprendeu a decifrar rostos, olhos, mãos, ombros, penteados, vestuário e até sapatos. Essa decifração, que é a observação perceptiva dos sinais não verbais, permite ver além das palavras e compreender sentidos, pautas e estados de ânimo não falados. Os lábios contraídos do colega revelam uma discordância oculta. Movimentos oculares intermitentes para a direita ou esquerda demonstram que o colega está processando as suas palavras. Um ombro repentinamente erguido fala sobre dúvida. De fato, em toda empresa existe significado a ser encontrado em todos.

Agora vejamos como os corpos se comportam no contexto formal de uma reunião de negócios. As reuniões são tipicamente realizadas ao redor de uma mesa. Os presentes costumam adotar a postura de descanso preferida dos primatas, que se sentam e são capazes de permanecer confortavelmente sentados por horas. Como a estatura do corpo é mais uniforme quando estamos sentados do que quando estamos de pé (ficar de pé causa maior variação na altura por causa do comprimento das pernas), não há vantagem, em termos de estatura, ao redor da mesa. Quando sentados, os seres humanos parecem ter mais ou menos o mesmo tamanho. Sob a mesa, os corpos abaixo da cintura estão escondidos, e a atenção visual volta-se para cima, em direção aos rostos, ombros e mãos.

Essas três áreas do corpo – junto com a atração principal, a laringe, de onde sai a voz – são as protagonistas. Para saber como elas trabalham em grupo, considere "A história natural de uma reunião", peça apresentada em três pequenos atos:

A história natural de uma reunião
Prelúdio
15:50h

A sala de reuniões está escura e vazia. É espaçosa, com paredes de tom bege, sem obras de arte que pudessem ser dispersivas, e um carpete cinza. Pesadamente assentado sobre o carpete está o objeto dominante do cenário: uma mesa de reuniões imponente e muito sólida com pés cromados e um espesso tampo de madeira castanha. Sobre a sua bem revestida superfície, o palco está preparado para uma reunião semanal da equipe agendada para as 16:00h. Cordialmente convido você a comparecer à reunião e acompanhar o seu drama, além de decifrar os seus sinais não verbais*.

1º ato: uma ordem imprevista
15:55h

Um senhor recurvado e grisalho, vestindo terno cinza-claro, entra na sala de reuniões. Al é o presidente da empresa. Com cinquenta e poucos anos, o modo de andar de Al é visivelmente difícil. Ele se curva para frente com rigidez, na altura da cintura, por conta

---

* Este capítulo inclui observações que fiz sobre várias reuniões da diretoria de uma empresa. Para fins instrutivos, essas observações estão amalgamadas em uma única reunião aqui descrita. Os nomes foram alterados para proteger a privacidade dos participantes, e o nome da empresa permanecerá anônimo.

de uma dor crônica nas costas. O rosto mostra sinais clássicos de dor: olhos espremidos, bochechas levemente erguidas (enquanto os músculos da sua órbita ocular contraem-se, numa expressão de desagrado), sobrancelhas caídas, algumas pequenas rugas no dorso do nariz e o lábio superior um pouco erguido. Como o nível da dor de Al está maior do que o normal nesta tarde, ele parece estar irritado. Acende a luz e caminha com dificuldade por mais uns 10m, o comprimento da mesa, até o seu lugar, na cabeceira. Atipicamente cedo, Al senta-se.

15:59h
Os membros da diretoria começam a chegar. Franz, Diretor Financeiro e braço-direito de Al, junto com a Auditora, Margaret, entram. Os próximos a chegar são os "três irmãos gêmeos" (chamados assim porque quase sempre concordam entre si, e não com o chefe), Sheri, Bev e Raymond. Os últimos a chegar – a afável Julia, a lacônica Lucy e o entusiasmado Charles – juntam-se aos colegas à mesa. Todos os dez atores, incluindo Sharon, a secretária de Al, estão sentados à mesa de reuniões. Uma reunião desconfortável está para começar.

16:00h
A sala de reuniões está inusitadamente silenciosa neste dia de novembro. Não vemos os sorrisos, as conversas, as brincadeiras nem as gargalhadas mútuas de reuniões anteriores. O clima sombrio deve-se aos lábios fortemente contraídos de Al, seu paletó formal (que ele costuma deixar em sua sala), seus olhos estreitos e hostis. Ele evita os olhos do grupo e seus próprios olhos estão fixos em suas mãos cruzadas sobre os papéis espalhados num semicírculo à

sua frente. Observando o jeito mal-humorado de Al, os membros da equipe lançam-se olhares ansiosos e ficam calados, esperando a proverbial "deixa".

16:01h

"Feche a porta", Al diz em tom gélido. À direita de Al, Franz levanta-se, vai até a porta e fecha-a. Geralmente deixada aberta, a porta é fechada com um som surdo. Em meio ao silêncio da sala de reuniões, a batida da porta pressagia más notícias. Como se esperassem a famosa deixa, todos os olhos, exceto os de Al, olham para cima, em volta, e observam-se, pouco à vontade. A reunião mal começou e já está pontilhada de temor e aversão.

16:02h

Após uma outra pausa de 60 segundos, Al apresenta a pauta da reunião. Sua hesitação calculada dramatiza ainda mais suas palavras. Como observa o antropólogo Edward T. Hall em seu livro *The Silent Language*, "O tempo fala". Como mensagem não verbal, de acordo com Hall, o tempo de espera nos Estados Unidos tem 8 níveis de duração: *imediato, muito curto, curto, neutro, longo, muito longo, terrivelmente longo* e *eterno* (HALL, 1959). Para os que estão na sala de reuniões hoje, a breve pausa do chefe é eterna.

Abruptamente, a laringe de Al começa a emitir ruídos e a sua boca se enche de palavras. Ele balança a cabeça para a frente a fim de enfatizar as palavras. "Balançar a cabeça" é um movimento vertical do crânio para cima e para baixo usado para enfatizar uma ideia, uma assertiva ou um ponto-chave da fala. Movimentos enfáticos da cabeça enquanto se fala indicam fortes sentimentos de convicção e certeza. Esse movimento da cabeça humana origina-se do movimento dos répteis de *inclinar a cabeça para cima e para baixo*, usado agressivamente pelos lagartos para proclamar a sua presença física num grupo, como se dissessem: "Veja, eu estou aqui!"

Enquanto Al balança a cabeça, a sua mão direita desprende-se e solta a esquerda, ergue-se sobre os papéis espalhados na mesa e vira-se, ficando a palma paralela ao tampo da mesa. A posição da palma da mão virada para baixo revela um estado de espírito inflexível, como se dissesse: "Estou falando sério!" A mão de Al agora move-se para a frente, em direção ao outro lado da mesa. Parece fixa, rigidamente esticada para que todos vejam. Os cinco dedos estendem-se totalmente, e a sua palma paira a 10cm acima da superfície da mesa. Enquanto mantém o gesto dramaticamente, Al diz: "A partir de *hoje*, não aceitarei mais relatórios atrasados".

Todos os olhos estão focados na mão de Al, com a palma para baixo, estendida no palco central. Sem de fato tocar a mesa, ele balança a mão para cima e para baixo, como o martelo de um juiz, para deixar a questão clara: "A partir de *hoje*..."

A julgar o seu gesto – definitivamente, *não* há ombros encolhidos aqui – e o tom de voz mais baixo, Al está falando sério. Três assentos ao lado, à direita de Al, Sheri ergue os ombros. O movimento é suave, porém perceptível. Com isso, ela sugere postura desconfiada ou submissa diante de Al. No contexto do pronunciamento vocal de Al, os ombros de Sheri acatam a mão autoritária dele. Enquanto isso, Charles, à esquerda de Sheri, reclina-se em resposta à ordem de Al. Ele reage cruzando ambos os braços sobre o peito. A repentina reclinação e os braços cruzados de Charles sugerem sentimentos de defesa e dissensão. Antes que o chefe estendesse a sua manopla com a palma para baixo, Charles já estava inclinado para frente, com ambos os braços sobre a mesa. "A partir de *hoje*..." fica claramente registrado no cérebro de Charles, e seu corpo compartilha as notícias.

Sheri e Charles reagem às palavras de Al com movimentos corporais defensivos. Ambos entregaram relatórios atrasados, enquanto seus colegas estão sempre em dia. Os corpos dos colegas pontuais permanecem na mesma posição que estavam antes da ordem de Al, inclinando-se para a frente com os cotovelos, o antebraço e as mãos sobre a mesa. Como são inocentes das acusações de atraso, seus corpos relaxam. Os cotovelos se esticam, as mãos se soltam, os punhos cerrados distendem-se e abrem-se. Ficou claro entre os inocentes que, ao menos nesta reunião, eles não correm mais risco. Os lábios descontraem-se, as testas franzidas alisam-se e o mundo volta a ser bom.

Lucy, que está ao lado de Sharon, secretária de Al, faz uma pergunta. Enquanto Lucy fala, a sua mão direita move-se para cima e revela uma palma totalmente aberta. Ela a direciona a Al, como se fosse lhe oferecer uma moeda na palma da mão. Assim como os ombros erguidos de Sheri, a demonstração da palma de Lucy faz um apelo submisso. Gestos com as palmas voltadas para cima, como o dela, são comumente demonstrados como resposta quando os chefes fazem sinais com as palmas para baixo. A mão com a palma para cima suplica uma trégua, como em "Vamos ficar juntos de novo".

Um ruído surge na laringe de Lucy, enchendo sua boca de palavras: "Podemos entregar relatórios atrasados", ela pergunta com a palma para cima, "se estivermos fora da empresa a trabalho?"

"Boa pergunta [responde Al]. Esta é a única exceção", ele diz, correspondendo ao gesto de Lucy, imitando-o, e, além disso, ergue os ombros. Vendo os dois movimentos corporais não agressivos, a equipe percebe que o gelo foi quebrado. O comportamento de Al agora dá ideia de deferência e ele parece acalmar-se. Vendo a palma aberta e os ombros erguidos de Al como sinais de trégua, Sheri e Charles unem-se aos colegas, colocando o antebraço, o pulso e as mãos de volta sobre a mesa. A congruência nas posturas sentadas reflete a congruência no estado de espírito do grupo. Colegas sintonizados pensam, sentem e sentam-se de forma parecida. A reunião da equipe deixou o medo e a aversão e passou para um clima de solidariedade e boa vontade. Até Al sorri.

A ata de Sharon resume o primeiro quarto de hora da reunião em uma frase: "Al avisou que relatórios atrasados não serão mais aceitos, exceto se os gerentes estiverem fora da cidade ou em trabalho externo". Contrastando com a ata sucinta, você viu os corpos apresentarem uma peça mais longa e mais dramática de um ato. Em 15 minutos, a reunião passou, como uma moralidade, do medo à salvação, e depois a um simulacro de normalidade. Se tudo o que estivesse ao seu dispor fossem as anotações de Sharon, você teria perdido as informações que explicam o que acontece depois, no 2º ato, quando um item controvertido da pauta ameaça arruinar o estado de espírito da empresa. Usando a linguagem corporal do 1º ato como ponto de partida, você verá claramente as fortes emoções que ameaçam fragmentar a equipe.

2º ato: um debate acalorado
16:17h

Al fica de pé, tira o seu paletó cinza e pendura-o na cadeira. A formalidade do terno acabou. Ele senta-se novamente e apresenta o próximo item da pauta.

"Franz [Al diz], você poderia introduzir aquele assunto?" "Aquele assunto" é um eufemismo para um assunto altamente impopular: a "relação de trabalho sem vínculo empregatício".

16:18h

Franz abre um caderno de capa preta, ajusta os óculos e olha para uma página toda escrita. Ele coça o nariz com o nó do dedo. Agora a laringe de Franz começa a emitir sons, e palavras enchem a sua boca. Ele se inclina para frente sobre o caderno, como se quisesse se aproximar dos colegas do lado oposto. A inclinação do seu corpo é excessiva e o limite, agressivo. Al também inclina-se para frente, imitando a postura corporal excessivamente zelosa de Franz. A ação semelhante mostra que ambos estão juntos e em consonância.

"Como sabem [Franz diz], o nosso conselho solicitou que explorássemos o modelo de trabalho sem vínculo empregatício em nossa empresa." Ele fala vagarosamente, em princípio, de forma branda e deliberada. O seu rosto mantém-se neutro sobre o caderno, sem expressão, os lábios em repouso, e seu olhos movem-se (ou alternam-se) rapidamente de um ouvinte a outro, em toda a mesa. Com as pontas dos dedos repousando calmamente sobre a página aberta do caderno, as mãos de Franz estão imóveis. "O conselho acha [continua] que um modelo de trabalho sem vínculo empregatício poderia ser melhor para os interesses de nossa empresa. Eles pediram que analisássemos".

16:19h

O clima da sala deixa de ser solidário e de boa vontade e passa a ser de discordância. Charles reclina-se para trás. Ele afasta a cadeira da mesa e cruza as pernas, com o tornozelo direito sobre o esquerdo. Talvez para se exibir mais, ele revela mais o seu corpo para se afirmar, como: "Você não me assusta". Ele retoma a postura defensiva de braços cruzados que havia adotado no 1º ato e fixa o olhar no rosto de Franz. Agora Sheri reclina-se para trás e cruza os braços. Seus lábios contraem-se e os cantos da boca começam a pender enquanto olha para Franz. E agora, seguindo o exemplo, Bev reclina-se para trás. O seu tronco se afasta de Franz e Al, virando-se para a esquerda. Os olhos de Bev, porém, fixam os olhos de Franz.

Margaret reclina-se para trás. Julia e Lucy também. Todos na sala estão reclinados para trás, exceto Franz e Al, que estão bem inclinados para a frente enquanto Franz expõe a questão. Sharon também está inclinada para frente, mas somente para fazer anotações. A sua inclinação para frente é funcional, não comportamental. Não verbalmente, a reunião semanal coalesce em campos opostos: os que são a favor e os que são contra o trabalho sem vínculo empregatício, com Sharon abstendo-se. O voto manifesta-se claramente na direção da inclinação do corpo, e a oposição parece ser maioria.

16:20h

"Como sabem [Franz prossegue], a nossa empresa pode precisar diminuir seu porte ou reestruturar-se futuramente, e a opção de trabalho sem vínculo empregatício nos dá flexibilidade para tanto". Enquanto defende a tese de incluir uma cláusula de trabalho sem vínculo empregatício nos estatutos da empresa, a sua mão direita sai do caderno preto e inicia uma salva preventiva de batidas com as palmas para baixo. Em uníssono, as pontas dos cinco dedos batem incontrolavelmente sobre a mesa. Sentindo a resistência nos corpos reclinados, lábios tensos e olhos hostis dos colegas, o estado de espírito de Franz muda totalmente. Suas mãos se fecham e ele bate na mesa com o indicador rigidamente estendido para explicar a questão.

16:24h

Conhecido por suas explosões de ira, Charles faz um gesto com as palmas voltadas para baixo. "Os nossos estatutos dizem que somente podemos ser demitidos 'por justa causa'. Não pode ser arbitrário", discorda ele. Depois que as palavras saem de sua boca, as mãos de Charles voltam a repousar sobre os braços cruzados, de onde haviam partido.

A delicada mão direita de Sheri estende a sua palma virada para baixo. Desta vez ela não contrai os ombros ao dizer, com ira na voz: "Eu não sei disso. Nós *sempre* fomos tratados com justiça em nossos empregos. É uma *seção enorme* dos nossos estatutos". Ela mexe a mão (voltada para baixo) para cima e para baixo, seguindo o ritmo assertivo de suas palavras.

A mão grande de Margaret agora se abre, com a palma para baixo, e estende-se, como se fosse esmagar as palavras de Franz, como se esmaga um mosquito. "Não ter vínculo empregatício significa que todos nós podemos ser demitidos sem motivo. Isso dá poder demais ao chefe", Margaret diz, sacudindo a cabeça de um lado para o outro, emotivamente. Balançar a cabeça para os lados é um sinal universal de negação e recusa. No caso de Margaret, significa que ela realmente discorda da questão. Um dos músculos do pescoço que balançam a cabeça – o *esternoclidomastóideo* – é um músculo emotivo que reage a estados de ânimo e sensações viscerais. Em consonância com suas palavras, o movimento da cabeça de Margaret é verdadeiro. Ela tem problemas viscerais com essa possibilidade.

Agora, a mão de Al, com a palma para baixo, entra na briga. Ela estende-se com o peso da autoridade final. "Precisaremos reescrever os estatutos", ele diz. "Vocês serão solicitados a assinar uma declaração reconhecendo que não têm vínculo empregatício". A voz de Al soa baixa e irritada, ao mesmo tempo em que começa a perder a paciência. Ele percebe que o seu partido já perdeu a guerra de relações públicas. A julgar as palavras e a linguagem corporal, ele e Franz não conquistaram o coração e a mente da equipe.

Lucy solta uma gargalhada exasperada e diz: "Você não pode nos forçar a assinar! De jeito nenhum!" A sua mão direita bate na mesa com a palma aberta. "Por que alguém assinaria? É loucura". A gargalhada humana é uma vocalização rítmica que varia enormemente em forma, duração e altura. Em modo de ataque, a gargalhada pode ser direcionada a inimigos e pessoas de quem discordamos ou desgostamos, como uma forma de *desabafar a agressão*. A gargalhada zombeteira e agressiva lembra as vocalizações nas *aglomerações* dos primatas superiores. A explosão da gargalhada irritada de Lucy revela como a discussão acalorou-se. Os colegas ainda não bateram uns nos outros, mas, como se estivessem pretendendo fazer isso, bateram na mesa.

A discussão continua por vinte minutos. Mãos em duelo cortam o espaço acima da mesa. Algumas aterrissam sobre a mesa com pancadas audíveis. Claras linhas não verbais foram traçadas. Os favoráveis inclinam-se para a frente; os opositores, para trás. Com todos os corpos ocupados em poses visivelmente antagônicas, a reunião fragmenta-se – sete a dois – ao longo das linhas gerenciais.

Al finalmente cansa-se. A expressão de dor em seu rosto vem mais pela reunião do que pelas costas doloridas. "Tudo bem, retomaremos o assunto na semana que vem", conclui.

E agora, assim como a tensão em torno do trabalho sem vínculo empregatício surgiu subitamente, também dissolve-se subitamente. Al levanta a mão para silenciar a reunião. Um estalo vem da mesa de lanches no fundo, atrás da sua cadeira. Franz levantou-se enquanto a discussão cessava e abriu duas garrafas de vinho.

3º ato: um anúncio feliz
16:38h

"Vamos deixar o assunto para a semana que vem. Eu sei que é um problema", Al diz para apaziguar. "Agora, porém, tenho um aniversário para anunciar! Feliz aniversário, Charles! Tinto ou branco?"

16:39h

Em poucos segundos, com o rápido anúncio de Al, o clima da reunião não mais exibe "olhares mortais", e sim cumprimentos de feliz aniversário. As reuniões de negócios podem mudar de direção num piscar de olhos, mas essa superou as expectativas. De repente, salgadinhos, bolo de chocolate e sorvete aparecem. Pratos brancos de papel, facas e garfos brancos de plástico, guardanapos vermelhos, brancos e azuis surgem. Café, suco de frutas, *Cabernet* e *Chardonnay* acenam.

Ao manejar os mesmos garfos brancos de plástico, comer a mesma comida nos mesmos pratos de papel, tomar a mesma bebida em copos idênticos e usar os mesmos guardanapos coloridos que os outros para limpar as mãos e a boca, subliminarmente você se sente ligado a um grupo. A base biológica subjacente a essa sensação corporativa de união é a *isopraxia*, o princípio réptil de união por atos "iguais".

Exemplos de isopraxia (a palavra significa "comportamento idêntico" em grego) incluem o balanço de cabeça simultâneo dos lagartos, o gorgolejo em grupo dos perus e o alisamento síncrono de penas dos pássaros. Balanços de cabeça e alisamento de cabelo com certeza – e podemos até mesmo dizer que os gorgolejos em grupo também – acontecem rotineiramente em reuniões de equipe. A isopraxia entre seres humanos, escreve Anne H. Soukhanov em seu livro *Word Watch*, "manifesta-se na ovação da plateia de um teatro e, em escala mais ampla, em migrações históricas em massa, em comícios, violência e histeria, e na súbita adoção difundida de modas e tendências" (SOUKHANOV, 1993: 135). Em todo o mundo dos negócios, comer e beber juntos é a fórmula universal para reunir as pessoas.

O ato de comer e beber aciona a *reação de relaxamento*, uma sensação agradável de calma e bem-estar experimentada à medida que os batimentos cardíacos diminuem, a musculatura lisa contrai-se e as glândulas secretam enquanto o corpo digere. Fisiologicamente, o relaxamento através do consumo de comida – conhecido como *reação de descanso e digestão* – é um modelo rudimentar da sensação de felicidade humana.

Muitos sinais não verbais involuntários – como pupilas contraídas, olhos brilhantes (causados pela umidade das glândulas lacrimais), respiração desacelerada, palmas quentes e secas, inclinação para a frente e palmas supinas – são visíveis em sentimentos viscerais da reação de descanso e digestão.

16:41h
O descanso e a digestão são claros aqui na sala de reuniões. Os lábios apontam para cima em sorrisos. As vozes são suavizadas e os olhos fazem contato relaxado e mais civilizado. Os funcionários inclinam-se para a frente, sobre os pratos brancos de papel. As mãos abertas desejam feliz aniversário a Charles. A festa da empresa termina às 17:00h, mas os apreciadores do vinho costumam ficar na sala de reuniões até as 18:00h em ocasiões especiais como essa. Com moderação, o álcool instila um prazer ainda maior na reação de relaxamento do corpo.

16:45h
Ninguém mais faz gestos com as palmas voltadas para baixo sobre a mesa. Ao contrário, as mãos viram-se para cima e mostram as palmas abertas. Os ombros encolhem-se em comentários leves, ri-

sos educados e conversas amenas. Os colegas abrem mente e corpo, e olham-se, em vez de contraírem-se, desviarem-se ou reclinarem-se para trás. A resposta de luta ou fuga míngua diante do bolo e do sorvete enquanto os corpos descontraem-se, descarregando o peso de outra reunião da equipe.

17:01h

A sala de reuniões volta a ficar vazia. Ninguém ficou depois das 17:00h. O ar permanece cheio dos odores de chocolate, café e *Cabernet*. Então, tome uma última taça de vinho e vá pegar o trem. E agradeça por não trabalhar aqui. O ritmo é frenético.

Embora não tenha sido anotada na ata oficial, a linguagem corporal revelou que, em uma hora, um pequeno grupo de primatas humanos passou de um estado de ansiedade e aversão quase a um ataque de fúria corporativa, e depois ao estado de descanso e digestão. Os corpos falaram com clareza, revelando o que as palavras não revelaram – sentimentos e alianças não verbais, acompanhados de atitudes e estados de ânimo não falados. Aqueles que observaram a linguagem corporal sem dúvida concordariam: a empresa dramatizada nessa peça de três atos enfrentará desafios. "Uma casa dividida contra si mesma [escreveu Abraham Lincoln (1809-1865)] não consegue ficar de pé". Como estamos vendo neste livro, os corpos não mentem.

No contexto de uma reunião de negócios, há um universo de diferenças em um ombro alçado ou reto, uma palma voltada para cima ou para baixo, no tronco inclinado para frente ou para trás. Como você viu, essas partes do corpo são atores principais em *A história natural de uma reunião*. Ao observá-las objetivamente, como aconteceria numa peça, você conseguirá decodificar a dramaturgia até mesmo do mais complicado enredo corporativo. No próximo capítulo você aprenderá a decifrar a linguagem corporal do seu empregador, o chefe. Usando a psicologia animal e as técnicas não verbais dos domadores de leões, até mesmo o(a) chefe mais difícil pode ser transformado(a) no(a) cavalheiro(dama) perfeito(a).

11
Não existem chefes ruins

> *Se você mantiver a mão relaxada, o cachorro à solta, em vez de mordê-la, mas eu sei que isso não é fácil para todo mundo.*
>
> Barbara Woodhouse. *No Bad Dogs.*

O que cães e chefes têm em comum? Ambos são mamíferos, têm rotinas definidas e podem ser treinados. Richard Kelly, proprietário da K-9 Heroes, em Silver Springs, Maryland, afirma que o problema central no treinamento de cães é a falta de limites. Se você apresentar ao cão um conjunto de regras muito claras e firmes – dizer que ele nunca pode ultrapassar a linha, por qualquer motivo – e, se você for constante e recompensar o bom comportamento, o seu cachorro ficará calmo e gostará mais de você. Ele sabe que, enquanto permanecer dentro dos limites, a vida será boa (LASKAS, 1988).

O chefe problemático de Lynn

"O meu chefe me segue pelo prédio se eu estiver fora da minha cadeira por mais de dez minutos", reclamou Lynn. "O mais engraçado é que ele pensa que eu não percebo! Posso ir ver as caixas postais comunitárias, ir ao banheiro e, se eu demorar mais de 10 minutos, lá está ele, como um relógio, fora do banheiro, no bebedouro. Isso acontece de um jeito ou de outro DIARIAMENTE, até mais" (ANÔNIMO, 2007b). A reclamação de Lynn é típica. O chefe dela é um gerente detalhista cuja compulsão é supervisionar todos os momentos dos funcionários. Para superar o seu comportamento compulsivo, o chefe de Lynn precisa ser treinado.

Treinar um chefe, assim como treinar um cão ou domar um leão, requer constância e olhar firme. Os chefes são primatas que reagem ao contato ocular direto como sinal de força. Assim como os mamíferos, os chefes precisam de um tratamento claro e constante, senão acabarão se tornando neuróticos e confusos. O treinamento de chefes não é um combate, tampouco um teste de força. Usando sinais não verbais e psicologia animal – os mesmos princípios usados pelos treinadores de cães, leões e tigres – até o mais neurótico dos chefes pode ser contido. É possível transformar a cova de um leão em uma jaula de circo, onde o chefe pode ser treinado.

Considerando que Lynn não é uma funcionária problemática, o meu conselho é que ela mostre a John, seu chefe, que a sua mania de segui-la passou dos limites. Começando hoje, sempre que ela sair do banheiro e flagrar John no bebedouro, Lynn deve encará-lo, estender a mão com a palma voltada para baixo na direção dele, com autoridade, e dizer: "Oi, John". Lembre-se de que, no capítulo 4, os gestos das mãos com as palmas para baixo são fortemente assertivos. Assim como os gurus da televisão, os treinadores de cães usam sinais com as palmas para baixo para acentuar as palavras. Nesse caso, as palavras incluem "Não!", "Sentado!", "Deitado!"

John não é um cão, e pode não registrar conscientemente a mensagem de Lynn com mais competência do que um cão. Porém, ele registrará o contato ocular e a palma dominante de Lynn com os mesmos módulos do cérebro mamífero empregados pelos cães. Os cães e os seres humanos começam a ler olhares diretos e as palmas dominantes como sinais a considerar. Para obter um efeito cumulativo, esses sinais assertivos devem ser realizados repetida e constantemente no momento da ofensa. Para Lynn, isso aconteceria fora do banheiro, no bebedouro, quando John estivesse à espreita em sua saída. A sua mão firme mostraria ao chefe que ele não pode ultrapassar os limites. Cada vez que a seguir no trabalho, ele verá a mão de Lynn: "Não!" Em vez de ouvir palavras, ele verá um gesto entendido até mesmo por um cachorro: "Chega!"

Gunther Gebel-Williams, o famoso domador de circo, sabia que, embora treinar um animal selvagem possa ser perigoso, é preferível a lidar com uma criatura imprevisível que pode atacar sem aviso. Para sobreviver na jaula de um leão, Gebel-Williams aprendeu que constância é tudo. "Você não pode ser um sonhador com os animais. Você não pode tirar um dia de folga. É preciso ser a mesma pessoa todos os dias" (CAPUZZO, 1991: C8).

Os animais cativos consideram a jaula seu território pessoal. Entrar na jaula de um tigre ou na sala do chefe implica o risco de ataque ou agressão verbal, respectivamente. Entrar em qualquer um desses espaços viola uma zona zoológica conhecida como *distância crítica*. A necessidade que os animais têm de distância crítica explica por que as pessoas que entram nos seus espaços em zoológicos são atacadas, até mesmo por leões, tigres e ursos "mansos".

A arte de domar o chefe usa estratégias de incitação, fuga, avanço e recuo. Ao lidar com o seu chefe, assim como se lida com um leão, o maior perigo é a complacência. Manter o animal mais forte quieto sobre um pedestal requer atenção diária e vigilância aos sinais não verbais, mês após mês.

Um chefe muito mau

Poucos tiveram um chefe que tenha se comportado tão mal como Greg DePalma. DePalma, o septuagenário chefe da Máfia no condado de Westchester, em Nova York, teria usado uma ferramenta mecânica na cabeça de um colega que o teria roubado.

"Greg DePalma, a melhor descrição dele seria o demônio em carne e osso. Um homem muito mau", afirmou Jack Garcia, agente aposentado do FBI. Garcia, que agia secretamente como "Jack Falcone", um mafioso ítalo-americano fictício, "trabalhou" para DePalma e conquistou tamanha confiança que foi convidado a tornar-se membro oficial da Máfia. Garcia narra a sua vida de falso empresário da Máfia em seu livro *Making Jack Falcone* (2008).

Sendo um dedicado chefe da Máfia, Greg DePalma tinha um temperamento terrível e era conhecido por priorizar a empresa acima de qualquer coisa. Para ele, a "família" da Máfia vinha sempre em primeiro lugar. Se o seu filho estivesse a minutos da morte, e você recebesse um telefonema do chefe, disse Garcia, "é melhor esquecer a criança e ir falar com o chefe. Porque essa é a sua verdadeira família".

Para domar um chefe tão ruim, Jack Garcia usou o princípio não verbal de reciprocidade conhecido como doação de presentes. Os antropólogos sabem, há muito tempo, que o ato de aceitar um objeto material como presente obriga quem recebe, que deve retribuir com presentes ou favores de valor igual ou maior. Garcia deu a DePalma uma série de presentes, como cigarros, joias e aparelhos eletrônicos para ganhar a sua confiança.

A tática deu certo, e Garcia passou a ser como um filho do chefe. É claro que, nesse caso, o suposto funcionário, Garcia, manteve o FBI informado sobre o seu empregador mafioso durante dois anos. No dia do julgamento do gângster, o olhar de DePalma enquanto Garcia depunha, nas palavras deste, era "clássico". Era o olhar endurecido, fatal e malvado. "Ele está olhando para mim. Sabe, dá para perceber que, se ele pudesse, apertaria meu pescoço e acabaria comigo".

> DePalma foi condenado a 12 anos de prisão. Usando a comprovada técnica dos adestradores – recompensas repetitivas por bom comportamento – Jack Garcia conseguiu adestrar o seu chefe. Mas atenção: o que funciona com os agentes do FBI e os chefes da Máfia não funciona em empresas lícitas. Dar presentes intencionalmente para influenciar o seu chefe é suborno.

Leia os meus símbolos

Os chefes revelam muito com os símbolos que exibem. Eu tive um chefe que adorava gritar. Ele chamava algum membro da equipe à sua sala e pedia, com voz suave e cansada: "Feche a porta". Quando o funcionário sentava-se à mesa redonda, um ataque de gritos explodia. Ele gostava de gritar somente com uma pessoa de cada vez, nunca com dois ou mais funcionários ao mesmo tempo, berrando com quem conseguia "aprisionar". Justiça seja feita, ele nunca gritou com os estagiários nem com a equipe de apoio, apenas com os diretores. (Tenho certeza de que não era gentileza, mas sim uma forma de poupar energia.)

Os ataques de gritos do meu chefe eram ásperos e gratuitos, sendo deflagrados como resposta até mesmo a coisas ínfimas. A primeira vez em que ele me tratou aos gritos aconteceu porque eu havia recuado a primeira linha do parágrafo de uma carta. "Texto à esquerda! Texto à esquerda!", bramia, sacudindo a fotocópia de um lado para o outro. "Você acha que pode ignorar as regras da empresa? Que é privilegiado? Texto à esquerda!" Enquanto gritava, seu corpo movia-se para cima e para baixo na cadeira.

A título de simbolismo, o emblema favorito do meu chefe era uma bandeirinha amarela com a imagem de uma cobra enrolada. Abaixo da serpente, esta legenda: "Não me pise". Pendurada acima da porta da sua sala, a bandeira pretendia amedrontar quem entrasse na "cova do leão", e devo confessar que funcionava. Assim como os cachorros de Pavlov aprenderam a salivar depois de ouvir uma campainha, eu aprendi a vincular a cascavel à gritaria do chefe. Levei algum tempo para aprender a nunca fechar a porta da sala dele, em primeiro lugar, e, depois, nunca ir falar com ele. Ele ficaria irritado, mas não gritaria sozinho. Tampouco viria até a minha sala para gritar, já que seu poder diminuía quanto mais ele se afastasse da sua bandeira.

Felizmente, nem todos os emblemas dos chefes exibem cobras venenosas. Um símbolo favorito de Sidney Weinberg, líder da Goldman Sachs de 1930 a 1969, era a chave da sociedade acadêmica Phi Beta Kappa. Weinberg colecionava chaves PBK das casas de penhores de Brooklyn e guardava-as num chaveiro, na gaveta de sua mesa. De acordo com John Whitehead, funcionário veterano da Sachs, "Se um presunçoso ficasse insistindo em algum assunto por muito tempo, Weinberg tirava o chaveiro repleto de chaves PBK da gaveta e dizia, com admiração: 'Puxa, você é tão inteligente que deveria ter uma chave dessas'" (PEEK, 2008: A23).

Outro chefe que eu tive decorava a sua sala com presentes oficiosos, réplicas e símbolos do Capitólio e fotos de si mesmo posando com figuras influentes. Ele era uma pessoa reservada e geralmente formal, não um histérico, e seus símbolos refletiam a formalidade que esperava da equipe. Conspicuamente à vista nas reuniões que aconteciam em sua sala, as fotografias poderosas do meu chefe evocavam o conceito tradicional havaiano de *mana*. No antigo Havaí, *mana* era o poder espiritual invisível emanado pela realeza. De acordo com a crença polinésia, agachar-se perto de um rei ou uma rainha permite absorver uma dose real de *mana* para si mesmo. Na Oceania pré-histórica, o poder espiritual era transmitido. Para o meu chefe, posar ao lado de presidentes significava ser poderoso e "presidencial".

Aqueles que ocupam o cargo de presidentes dos Estados Unidos exibem símbolos que aumentam a percepção de poder. Quando George W. Bush foi presidente, usava no paletó um broche simbolizando a bandeira americana. Bush raramente saía da Casa Branca sem o seu brochinho patriota vermelho, branco e azul. Como a sua mensagem não falada era "Sou mais patriota do que você", a equipe e os assessores de Bush usavam broches na lapela para mostrar que também eram patriotas. Temendo não parecer patriota, o então candidato a presidente Barack Obama também passou a usar o broche. O emblema minúsculo carregava em si mesmo uma dose considerável de *mana*.

Além de broches, fotografias e chaves Phi Beta Kappa, os diplomas dos líderes também são eloquentes. Um diploma emoldurado na parede atrás da mesa do chefe atesta a crença dele de que "conhecimento é poder". Ao reunir-se com o chefe em sua sala, as palavras esvaem-se depois de serem faladas, mas os diplomas continuam anunciando: "Eu tenho o poder de um título acadêmico".

Na versão clássica do filme *O mágico de Oz* (1939), o Mágico conta ao Espantalho um segredo sobre as pessoas instruídas. "Elas têm algo que você não tem: um diploma. Assim, investido na autoridade que me foi conferida, eu entrego a você o grau honorário de DP, que quer dizer 'Doutor em Pensamentologia'". Mas, embora o título acadêmico de um presidente possa ser citado no relatório anual, pode ser que você não encontre um diploma na parede.

Você não teria encontrado o certificado do bacharelado em engenharia civil da Universidade de Califórnia, por exemplo, na parede do presidente Sam W. Box. Box, ex-presidente da Tetra Tech Inc., multinacional que presta serviços técnicos e de engenharia sediada em Pasadena, Califórnia, não tinha diploma porque não era formado, embora afirmasse em seu currículo que era. A embaraçosa falha tornou-se conhecida após investigações na empresa feitas pelo *Wall Street Journal* para uma série de artigos investigativos sobre credenciais acadêmicas mentirosas no local de trabalho. Por sua mentira no currículo, Box foi rebaixado a vice-presidente da Tetra em outubro de 2008.

O jornal afirmou que "ao menos 10 executivos de alto escalão e diretores de empresas públicas nos Estados Unidos exibiam biografias corporativas com credenciais acadêmicas falsas". Uma estimativa da Kroll Inc. avalia que o número de funcionários e candidatos a cargos que exageram as suas credenciais de escolaridade é de aproximadamente 20% (TUNA & WINSTEIN, 2008). Para quem estuda ética empresarial, mentir sobre a formação acadêmica ou comprar um título falso são sinais de desonestidade grave.

Maurice Schweitzer, especialista em ética empresarial da Faculdade de Wharton, Universidade da Pensilvânia, disse: "Fico muito preocupado porque, se as pessoas acreditarem que podem mentir e ficar impunes, mais adiante começarão a adulterar seus relatórios de despesas, a forjar suas horas faturáveis e passarão a usar os fundos corporativos indevidamente" (WINSTEIN, 2008: B6). Na qualidade de sinais corporativos, diplomas – ou sua ausência – têm histórias sérias a contar.

O chefe nocivo de Chad

Lembre-se do conselho de Richard Kelly aos donos de cães no início deste capítulo. Esse conselho também se aplica aos chefes. Se você der ao cão uma lista de regras claras e firmes, e se você for constante e recompensar o bom comportamento, o seu cachorro vai se acalmar e gostar mais de você. Trate-o com constância e ele vai parar de pular, latir ou morder a sua mão. Tanto o seu cachorro quanto o seu chefe serão beneficiados com uma agenda diária previsível, atenção pessoal regular – e brincadeiras com *Frisbee*.

No mundo dos domadores de animais selvagens, o treinamento é precedido de observação. O domador observa detalhadamente o seu novo leão ou tigre para determinar suas idiossincrasias, hábitos e temperamento. Depois, adapta o seu regime de treinamento ao temperamento do animal. No mundo corporativo, um gerente anônimo a quem chamarei de "Chad" superou as expectativas de observação, equiparando-se ao grande domador de leões, Gebel-Williams.

Chad é gerente regional em uma empresa de tecnologia de médio porte. Em pouco tempo no novo emprego, Chad logo percebeu que estava trabalhando para um clássico "chefe nocivo". "O sujeito tem ataques de raiva, grita, fala obscenidades para mim ao telefone, joga um colega contra o outro e desembesta a tecer comentários longos e nada produtivos sobre os clientes, a indústria e os membros da equipe", Chad declara em artigo anônimo para a *Business Week* (ANÔNIMO, 2008b). "Eu adoro o trabalho, exceto o meu chefe", explicou. "Mas não desisti. Em vez disso, criei uma fórmula para lidar com ele".

A fórmula secreta de Chad está em perfeita harmonia com o conselho de Kelly para quem lida com cães. Assim como um cachorro reage favoravelmente aos horários previsíveis de alimentação, o chefe reage bem à previsibilidade em sua rotina diária. Tanto para os homens quanto para os animais, a rotina é psicologicamente "segura". Sabendo que o café da manhã é sempre servido às 8:30h, por exemplo, o cão relaxa e se acalma. Percebendo que o seu chefe nocivo também precisava de previsibilidade, Chad separou uma parte de cada dia de trabalho especificamente para lidar com ele. "Das 8:30 às 10:00h, todos os dias, eu atendia as necessidades dele", Chad explica. Como observou Gebel-Williams a respeito de como sobreviver na jaula de um leão, "Você precisa ser sempre o mesmo". Quando estiver perto de animais perigosos, aconselhou, é preciso ser transparente.

Num *habitat* de trabalho, previsibilidade inclui atenção pessoal regular. Chefes e cães desenvolvem-se diante da atenção recorrente dos tratadores. Para tanto, você pode afagar o seu cachorro e brincar com suas orelhas. Com o seu chefe, Chad aprendeu que o segredo eram e-mails regulares. "Envio e-mails rápidos ao longo do dia," escreve, especialmente durante o período movimentado das 8:30 às 10:00h. "Ele não sente necessidade de me chamar se receber um bombardeio de relatórios". No adestramento, a melhor defesa geralmente é uma boa ofensiva, e o bombardeio de e-mails de Chad funcionou para manter o chefe em segurança sobre o pedestal. Os domadores sabem que, do alto de um pedestal, na jaula de um circo, o leão não consegue descer e assumir o comando.

É claro que os cães gostam de brincar com *Frisbee*. Você lança o disco de plástico e o seu cachorro sai correndo atrás dele. O cérebro predatório do totó não consegue resistir. O "*Frisbee*" do chefe não é o brinquedo, é claro, mas um fascínio simbólico por algo que sua mente administrativa não consegue deixar passar. "O meu chefe gosta que os pedidos sejam processados imediatamente", escreve Chad. "Então, tento processar os pedidos assim que chegam. Se eu não puder fazer isso imediatamente, envio um e-mail a ele explicando que estou enrolado em outro projeto. Em 8 de 10 vezes, ele processa o pedido para mim". Procure descobrir os *Frisbees* simbólicos do seu chefe e arremesse-os para que ele saia correndo.

Assim como o seu cãozinho, o seu chefe pode ter mais dois ou três brinquedos favoritos. Ao contrário da bola de tênis e da varinha do seu cachorro (que são objetos concretos), o brinquedo favorito do seu chefe pode ser um interesse ou exercício abstrato. "O meu chefe é obcecado por exercícios de orçamento", revela Chad em seu artigo da *Business Week*. "Costumávamos falar ao telefone por horas, o que é, em grande parte, um processo subjetivo, como se fôssemos encontrar o preço mágico. Isso acabava com a minha produtividade. Agora, eu digo ao meu chefe: 'Estou ocupado com Y. Você se importaria de estudar para mim a proposta de orçamento do Cliente X?' Então, ele fica ocupado por um dia ou mais fazendo o que gosta, e sem me atrasar". Para levar vantagem sobre a concorrência, conheça a psicologia oculta dos "brinquedos favoritos" do seu chefe.

Finalmente, entenda os cronogramas mensais, os ciclos semanais e os ritmos de expediente diários do seu chefe. Assim como os cães têm "horários de pico", quando os níveis de energia aumentam, e "horários de baixa", quando a energia diminui, os chefes têm períodos melhores e piores em seus ciclos de trabalho. Entenda os ciclos para conhecer o chefe.

"O meu chefe geralmente tem um ataque de raiva às segundas-feiras, duas semanas antes do fim de um trimestre", escreve Chad. "Ele invariavelmente me diz que eu não estou controlando a minha região corretamente (o que costumava me irritar). Agora reservo um tempo no calendário para me preparar. Eu até aviso que ele vai ter esse ataque antes que ele realmente tenha, e às vezes digo que concordo com ele. Ele fica desarmado" (ANÔNIMO, 2008b). Manter os grandes felinos afastados usando os pés da cadeira, e desarmados, usando um chicote, é essencial na arte de um domador de leões. Com um chefe tão cíclico, Chad usou a magia de um domador como se fosse um profissional.

Se o seu chefe gostar de gritar (e parece que todos nós conhecemos histórias de chefes que adoram gritar), fique perfeitamente calmo. Como os animais, incluindo os chefes, têm aversão ao combate físico – até grandes chefes podem se ferir – eles recorrem ao blefe. Gasta menos energia e não derrama sangue. Ao serem atacados, os baiacus se inflam, as najas incham o pescoço e os cães eriçam os pelos. Eles "aumentam de tamanho" como um blefe, para afastar o inimigo.

A voz alterada do seu chefe também funciona assim. O grito exagera acusticamente o tamanho do corpo para ludibriar você, fazendo você aceitar ou encolher-se. É o equivalente biológico ao rugido do leão. Como adestrador, porém, você não deve se encolher nem correr. Não passa de uma tática de blefe, e o seu chefe não vai morder. Mantenha os ombros retos, faça contato ocular e fique firme. Depois, diga com voz calma e ponderada: "Não precisa gritar". Seja constante, repetindo o comentário a cada episódio de mau comportamento. Se a gritaria do chefe não for capaz de fazer você recuar, encolher-se ou desistir, ela deverá cessar em três episódios. Continue devolvendo a bola da contenção para a quadra do seu chefe. Com suas atitudes e palavras calmas, é como se você dissesse: "Se realmente quiser brigar, pode vir. Mas pare de blefar – não está dando certo".

O chefe sumido de Steve

O sinal que define um chefe "sumido" é a sala vazia. Em momentos estressantes no trabalho, a sala vazia do presidente sinaliza um vácuo de liderança na firma. Pedindo para não ser identificado, Steve, diretor de programas numa associação nacional, narrou a sua experiência com um chefe ausente: "Todas as manhãs, o meu chefe chegava às 9:00h," explicou. Carregando duas maletas de couro cheias de pastas que havia levado para casa na véspera, o chefe de Steve dirigia-se à sua sala, sentava-se à sua escura mesa de bordo e trabalhava diligentemente até as 17:00h. O expediente dele era sempre o mesmo, das 9:00 às 17:00h, "tão fixo como a rotina diária de um lagarto".

"Quer dizer, *quase* sempre o mesmo [Steve corrigiu], já que, em certas épocas do ano, a sala dele ficava escura, sem ninguém à mesa. Meu chefe tinha saído, mas não de férias."

"'Cadê o Mike? [eu perguntava]. 'Fora da cidade, em uma reunião', a sua secretária me falava. 'Não pode ser', eu respondia. 'As coisas estão complicadas aqui, falta uma semana para aquela reunião importante!' Como essa reunião envolvia gente do mundo todo, a semana anterior era uma loucura, cheia de detalhes e mudanças de última hora".

Ao ouvir a história de Steve sobre os sumiços em série de Mike, detectei um padrão. A sala de Mike ficava previsivelmente escura na semana anterior a eventos críticos. Uma iminente assembleia do conselho de administração o assustava. Quando a situação complicava-se na empresa de Steve, o seu chefe partia para uma reunião irrelevante em Seattle, Phoenix ou Atlanta. Qualquer lugar distante servia. Como o personagem Major Major, de *Ardil 22* – o comandante que fugia de sua sala pela janela dos fundos quando os visitantes chegavam –, Mike saía convenientemente quando devia ficar.

Quando a tensão na empresa explodia, o líder de Steve caía fora. Mike ia para uma cidade grande, comparecia a uma reunião durante o dia e saía à noite. Como Steve assinava os cheques da empresa, ele via os recibos que Mike apresentava para obter ressarcimento das despesas. O chefe de Steve ausentava-se da empresa e frequentava bares! Quando a diretoria da associação soube do problema, relatou Steve, os dias de Mike ficaram contados. Flagrado em ato de sumiço, Mike demitiu-se do cargo e sumiu para sempre.

A Síndrome do Chefe Desaparecido, ou DBS (*Disappearing Boss Syndrome*), acontece de várias maneiras, mas a mensagem é a mesma: quando a temperatura corporativa aumenta, o chefe some e ninguém assume a liderança. Roma pode estar em chamas, mas a sala da chefia permanece vazia. A DBS foi notícia em um famoso caso em Manhattan, no verão de 2007. Todos estavam cada vez mais tensos com o destino dos fundos *hedge* da Bear Stearns Companies, em Nova York, porque mais de um bilhão de dólares havia ido por água abaixo. Nesse momento crítico, James Cayne, 73 anos, presidente da Bear Stearns, simplesmente desapareceu da empresa. Primeiro, Cayne viajou para um campo de golfe particular em Nova Jersey. "Para ele, o campo de golfe era uma válvula de escape", disse John Angelo, seu parceiro frequente no golfe, ao *Wall Street Journal* (ANÔNIMO, 2007d). Depois, Cayne desapareceu, indo para um torneio de *bridge* de 10 dias em Nashville, Tennessee. Finalmente, depois que os fundos *hedge* da Bear Stearns perderam $1,6 bilhão, Cayne desapareceu permanentemente e demitiu-se do cargo de presidente. O absenteísmo foi alvo de críticas pesadas dos editores da revista *Fortune*, que classificaram Cayne na 30ª posição na sua lista dos "101 Momentos mais Estúpidos dos Negócios" em 2007 e, em 30 de maio de 2008, a Bear Stearns fechou as portas.

A DBS é uma reação aguda controlada pela reação de luta ou fuga do cérebro. Nos anos 1920, o fisiologista Walter B. Cannon identificou a *reação de emergência* do sistema nervoso simpático, que prepara o corpo para exercer altos níveis de energia física para lutar ou fugir. A reação de luta ou fuga é coordenada pelos neurônios do comando central do hipotálamo e do tronco cerebral. Ao enfrentar problemas sérios de trabalho, um chefe irado permanecerá na empresa e lutará. Um chefe temeroso deixará a empresa fisicamente e viajará. Em ambos os casos, cada chefe deixou o próprio corpo se expressar. O recuo visivelmente deixou mesas vazias que falaram sobre a negligência corporativa. Nesses exemplos, a fuga propriamente dita tornou-se o sinal.

Para o cérebro animal, o objetivo da fuga é escapar da captura. Os camaleões fogem através do canal visual, mudando de cor para se misturar à paisagem e desaparecer. Os coelhos ficam totalmente imóveis para que os predadores não os vejam, ou desapareçam, fugindo para outro local. Os chefes escapam para campos de golfe, torneios de *bridge* e bares, mas acabam precisando retornar à empresa e ao destino que os espera. Sobretudo, o caso amplamente noticiado de James Cayne demonstra como a ausência pode ser visível.

O seu chefe...

1) *Passa a noite na empresa?* Poderia ser um sinal de discórdia conjugal. Em 2008, Zong Qinghou, fundador da Wahaha Group Company – a maior empresa de refrigerantes da China – às vezes dormia em sua sala para evitar discussões com a esposa e a filha sobre os problemas que a empresa enfrentava com a rival Groupe Danone SA, da França.

2) *Faz as reuniões fora da sala, na varanda?* Poderia ser um sinal de rixa corporativa. Em 23 de julho de 2008, Robert Dudley foi citado no *Wall Street Journal*: "Passo muito tempo fazendo reuniões na varanda da minha empresa" (WHITE, 2008). Dudley, que era diretor da TNK-BP Ltd., da Rússia, temia espionagem pelos acionistas russos rivais, que queriam que ele deixasse o país.

3) *Evita e-mails, usa números de telefone diferentes e retorna telefonemas somente em veículos em movimento?* Também poderia ser sinal de espionagem corporativa. Para impedir a espionagem, em 2008, o banqueiro brasileiro Daniel Dantas, do Rio de Janeiro, desligou a televisão e retirou as baterias de seus celulares antes de uma entrevista na sede da sua empresa de investimentos, a Opportunity. O hábito de evitar e-mails e fazer telefonemas fora da empresa explica-se pelo medo de que o governo brasileiro estivesse "sempre à escuta".

4) *Grita e bate na mesa?* Poderia sinalizar um chefe combativo, capaz de incitar brigas na sala de reuniões. Ao assumir o comando da Beatrice Foods Company em 1976, Wallace N. Rasmussen providenciou a substi-

tuição de todos os conselheiros externos da empresa por gente nova. Questionado sobre como a sua esposa e a sua família conseguiam conviver com os expedientes diários de 20 horas, Rasmussen teria respondido que se livraria deles se eles interferissem.

5) *Dá voltas e gagueja quando alguém faz perguntas difíceis?* "Dar voltas" (hesitações na fala) e "gaguejar" (procurar as palavras) são sinais não verbais de mentira. Por causa do estresse, a garganta aperta e as palavras não fluem com facilidade. Em 6 de outubro de 2008, Richard Fuld Jr., Presidente da Lehman Brothers Holdings Inc., depôs a um comitê da Câmara dos Representantes dos Estados Unidos que não havia enganado os investidores sobre a saúde econômica da sua firma antes de seu colapso em Wall Street. De acordo com o *Wall Street Journal*, Fuld em alguns momentos "depôs com linguagem hesitante" (CRAIG, 2008: A3).

Atrás de portões de aço

"Estão atrás de portões de aço", David Perry disse a Sarah Needleman (NEEDLEMAN, 2008). Perry, *headhunter* de executivos, descobriu que presidentes e outros altos executivos costumam desaparecer e ficar reclusos, afastados do público. Podem não responder telefonemas, cartas nem e-mails, além de agirem como se não existissem. O segredo do paradeiro deles e sua indisposição para aparecer – um pouco como Boo Radley em *O sol é para todos* (1960) – podem tornar o trabalho de um *headhunter* um desafio.

David Perry, porém, topa o desafio. Para encontrar e abordar chefes reclusos, Perry dá uma de Sherlock Holmes e caça pistas que indiquem como os chefes agem, onde comem e até onde é o seu banheiro. As pistas reunidas lhe dizem onde rastrear os candidatos que periodicamente abrem seus portões de aço.

Num dos casos de Perry, um número de telefone secreto foi a chave de tudo. A sua missão de rastrear o presidente de uma firma de tecnologia de Nova York sempre falhava pelos canais de comunicação regulares. Perry, cuja empresa, a Perry-Martel International, fica em Ottawa, Canadá, sempre voltava de mãos vazias. O presidente sumia através de uma tática de telefonemas não retornados em série.

Sem se deixar abater, David foi até Nova York e visitou secretamente o subsolo da sede da empresa. Ali, deu a um zelador $100 e um envelope endereçado a si mesmo, onde o número de telefone secreto do presidente deveria ser colocado, partindo do pressuposto de que o chefão tinha um banheiro particular com telefone em alguma parte do prédio.

Logo depois, quando o número de telefone chegou, Perry soube que agora o seu presidente não escaparia. Ele telefonou e ofereceu um novo cargo em uma grande firma de *software*. Quando o elusivo executivo aceitou o emprego, fechou-se negócio. Se ele não houvesse procurado as pistas ocultas atrás dos portões de aço, não haveria negócio.

Assim como os leões, tigres e ursos (e, claro, os cães), os presidentes exibem padrões de comportamento fixos e rotinas previsíveis. Entender os seus hábitos de caça e alimentação, saber como marcam seu território e aprender como se comportam quando acuados ajudará você a sobreviver na savana corporativa. Quanto mais você souber sobre a natureza animal do cérebro do seu chefe, mais será capaz de dominar a criatura e conviver com ela. O convívio, a propósito, é o nosso tópico do próximo capítulo, "Sinais de entrosamento no trabalho".

12
Sinais de entrosamento no trabalho

> *Um estudo do Centro de Liderança Criativa, em Greensboro, N.C., com a Manchester Partners International, constatou que 40% das contratações de dirigentes falham, e a principal razão para a rotatividade de funcionários (82%) é a sua incapacidade de construir bons relacionamentos com colegas e subordinados.*
> Anônimo. *The San Diego Union-Tribune*, 1998.

As melhores empresas encontram formas concretas de criar bons relacionamentos entre os colegas. Lembre-se do capítulo 9, das instalações da Decagon Devices, em Pullman, Washington, onde os funcionários são encorajados a se socializar nos intervalos, com jogos de futebol e pingue-pongue. Ao praticar esportes com os colegas – bater bola com os companheiros, devolver as jogadas do adversário, anotar o placar –, você constrói confiança e incentiva bons relacionamentos. De volta ao espaço de trabalho, você percebe que as informações fluem mais facilmente através de canais informais que cruzam as linhas verticais do organograma da sua firma. A troca de informação horizontal e mais livre promove a criatividade e aumenta a eficiência no trabalho.

É possível ver bons relacionamentos no trabalho – ou detectar a sua ausência – em sinais não verbais de troca. Como notei, os funcionários que se dão bem tendem a comer juntos, trocar lanches, mostrar fotos da família e compartilhar detalhes pessoais sobre a decoração de suas salas. Na secretaria do hospital que chamarei de "Mercy Medical Center", no estado de Washington, notei várias trocas de pequenos favores não relacionados ao trabalho. O entrosamento era bom, e os funcionários compartilhavam livremente as informações de que precisavam para trabalhar.

Porém, havia uma exceção à regra de reciprocidade: Karen, 60 anos, raramente trocava favores. Nunca se reunia com os colegas para almoçar no refeitório, almoçando sozinha em sua sala. Doces e biscoitos não saíam de suas mãos, fotos de família não eram mostradas nem recebidas, e os objetos de sua sala não saíam de lá. Como me disse um dos colegas de Karen: "Os objetos da sala dela são um mistério total. Ela jamais compartilhou algo conosco. A vida pessoal de Karen é uma lacuna. Há uma foto emoldurada de um homem na parede, mas não sabemos quem é".

No caso de Karen, não havia doação na empresa e praticamente nenhum recebimento. Ao sair do trabalho às 15:30h, Karen esperava até ter passado pelos colegas antes de se despedir. Ela cronometrava as palavras de forma que elas só saíssem quando já estivesse de costas.

A falta de entrosamento de Karen na empresa teve seu preço. Como não havia um canal informal que a ligasse aos colegas, ela deixou de comunicar detalhes relacionados ao trabalho que eles precisavam saber. Enquanto os colegas almoçavam, Karen deixava pastas em suas mesas, sem a cortesia de explicar por quê. Um colega voltava do intervalo e encontrava um número de telefone escrito em um adesivo colado em seu monitor, mais uma vez sem explicações. "Favor telefonar", dizia o recado, sem nenhuma menção a quem havia telefonado. Karen não revelava quantos médicos novos haviam sido contratados pelo hospital, então os colegas não sabiam que precisavam providenciar orientações para eles. Como o canal de entrosamento que ligava Karen aos colegas do hospital estava vedado, as informações necessárias não fluíam.

Como o problema de entrosamento de Karen poderia ser contornado? Em vez de abordar a questão conscientemente, com palavras (o que já havia sido tentado várias vezes, sem sucesso), eu proporia uma solução não verbal que falasse às emoções de Karen; integrá-la à equipe na próxima reunião com um incentivo que eu chamo de Troca de Fotos: pedir que a equipe traga duas fotos de casa para compartilhar na reunião mensal. O breve exercício de troca funcionaria como uma forma de conhecer a pessoa além do trabalho.

Trocando fotos – imagens pessoais de animais de estimação, reformas da casa, férias, netos etc. –, a equipe tem uma ideia do que acontece na vida dos colegas além do trabalho. Como exercício, a Troca de Fotos simboliza a troca natural de pequenos favores que levam ao entrosamento na empresa. Trocando fotos, Karen provavelmente entraria na rede de entrosamento. A troca de fotos não verbais da vida doméstica e dos entes queridos transmitiria uma mensagem fortemente pessoal sobre "quem *nós* somos".

Incentivando a criatividade

O espaço de trabalho modulado, do tamanho de um *closet*, a mesa ajustável e o computador de Michael Kinsley eram exatamente como os de todo mundo. No *campus* gramado da sede da Microsoft, em Redmond, Washington, os edifícios, equipamentos e funcionários – que eram, em sua maioria, jovens e tranquilos – eram muito parecidos. Na verdade, a aparência de mesmice permeava o ambiente de trabalho da Microsoft, com suas alamedas e paredes de vidro.

Kinsley, ex-editor da *National Review* e coapresentador do *talk show* "Crossfire", da CNN, saiu de Washington, D.C. e foi para o estado de Washington a fim de desenvolver a nova revista eletrônica da Microsoft, *Slate*. "Eu não tinha plano de trabalho, equipe, nada", declarou Kinsley. "Tudo o que eu tinha era uma sala" (AULETTA, 1996).

Embora fosse onze anos mais velho do que a média dos seus 9.000 colegas de Redmond, Michael Kinsley, de 45 anos, adaptou-se perfeitamente. Isso pode ser explicado em parte por seu estilo indefinido, informal e linguagem corporal um pouco excêntrica. A cultura corporativa da Microsoft é um pouco peculiar e em geral tolera a conduta, o vestuário e a filosofia de vida *nerd*. Seguindo o costume da Microsoft de evitar paletós e gravatas, privilegiando *jeans* e um visual natural, Kinsley vestia calças informais L.L. Bean, de cor neutra, camisas de algodão com colarinho aberto, meias brancas no estilo *nerd* e óculos acadêmicos com armação de plástico transparente. Como ele mantinha os braços para baixo, ao lado do corpo, poucos gestos das mãos eram visíveis quando falava. Ao conversar, sua voz era ponderada e suave. Os olhos resolutos miravam através das lentes redondas e fixavam o rosto do interlocutor (AULETTA, 1996).

Criar uma revista *on-line* partindo do zero era ao mesmo tempo um desafio e uma frustração. Porém, trabalhando todos os dias em sua sala no estado de Washington, instalado no Edifício modular n. 25 da Microsoft, Michael Kinsley estava feliz com a sua decisão de deixar Washington, D.C. Como Ken Auletta escreveu em seu artigo para o *New Yorker*, descrevendo o empreendimento de Kinsley, uma das coisas de que Michael mais gostava em seu trabalho na Microsoft era o "bom entrosamento".

O entrosamento é um sentimento agradável de confiança, afinidade e amizade mútuas estabelecido por meios verbais e não verbais. A palavra inglesa *rapport* (entrosamento) deriva do francês antigo ("devolver") via latim ("carregar"), do radical indo-europeu, de 7.000 anos, *per-*, "companheiro de viagem". Como companheiros de viagem, Michael Kinsley e seus colegas do Edifício 25 davam-se bem. O convívio com os colegas nos corredores, nas calçadas, e nas idas e vindas do refeitório da empresa ajudaram-no a olhar para eles olho no olho. Estar junto, como veremos, é a chave do entrosamento..

E assim a revista estreante de Kinsley, a *Slate*, incubada no clima do bom entrosamento na Microsoft, foi lançada com sucesso em 1996, ganhou o prêmio *National Magazine Award* pelo conteúdo e tornou-se uma marca respeitada no jornalismo. A *Slate* foi a pioneira no uso de *hyperlinks* e *blogs* em publicações eletrônicas. Em 21 de dezembro de 2004, a *Slate* foi vendida para a Washington Post Company, onde permanece até hoje, por cerca de $15-$20 milhões. Subsequentemente, Michael Kinsley deixou a *Slate* e tornou-se responsável pelo editorial do *Los Angeles Times*. Sem o entrosamento conquistado em seu trabalho na Microsoft, é difícil imaginar que a *Slate* teria se tornado um sucesso. O entrosamento preparou o terreno para a cooperação, a concórdia e o trabalho em equipe necessários para que ele começasse e concluísse seu empreendimento.

Dentro da empresa, podemos construir o entrosamento através de canais não verbais, que incluem o canal tátil para o toque, o canal visual para os gestos e o canal auditivo para os sons. Um ponto principal dentre as trilhas para a construção do entrosamento de Michael Kinsley na Microsoft[®] foi o seu característico tom de voz suave. As palavras faladas têm tanto um sentido vocabular objetivo quanto um sentido mais subjetivo em seu modo de transmissão. A maneira pela qual as palavras soam pode ser tão importante quanto o que dizem. A *qualidade da voz*, i.e., a maneira pela qual uma declaração verbal é feita (seu ritmo, prosódia, respiração, rouquidão, suavidade ou altura; seu tom bravo, sério ou sarcástico) transmite emoções, sentimentos e estados de ânimo.

Saindo do trabalho e indo para o reino animal, quanto mais um animal torna-se agressivo, mais a sua voz soará alta, grave e áspera. Um exemplo é o gorila da montanha (*Gorilla gorilla berengei*). Seus guinchos ásperos e barulhentos rasgam o ar e fazem o corpo de 160kg de um gorila macho parecer ainda maior. Entre os seres humanos, embora uma voz profunda e ressonante no trabalho possa parecer dominante e sinalizar superioridade, o seu tom alto e ameaçador pode prejudicar o entrosamento. Lembro-me da voz dolorosamente alta de um dos meus ex-colegas, Josh, quando ele berrava nas reuniões da equipe na sala de reuniões de nossa empresa. Josh tinha o hábito desagradável de emitir ruídos explosivos de pigarro para interromper os funcionários de quem discordava. Embora fosse simpático em particular, a sua voz excessivamente alta nas reuniões prejudicava o entrosamento e fazia dele uma das pessoas mais detestadas da empresa.

De acordo com Eugene Morton, do National Zoological Park[®], em Washington, D.C., os sons dos mamíferos são misturas de três vocalizações básicas: rosnados, roncos e gemidos. A voz usada por Josh na sala de reuniões ecoava os três modos de Morton, já que ele variava entre tons de voz ásperos e graves, destacados em tom muito alto e gemidos agudos, para discutir conosco sobre os detalhes mais ínfimos. Ao contrário de Josh, Michael Kinsley usou uma voz consistentemente suave com o "apelo ao entrosamento" correto para ganhar aliados e influenciar as pessoas na Microsoft.

Sujeita às influências culturais, a qualidade da voz é universal em todas as culturas. Em toda parte, os adultos usam uma voz mais suave e aguda para falar com bebês e crianças. A qualidade da voz suave é simpática em sua natureza e sugere uma postura de não agressividade e cuidado paternal. No mundo todo, homens e mulheres usam entre si uma voz suave em cumprimentos simpáticos e na paquera para dizer: "Eu me preocupo". E as vozes altas não são apreciadas praticamente em todo o mundo. No trabalho, a maior reclamação refere-se a colegas que falam alto ao telefone. No confinamento de um dia de oito horas, a voz excessivamente alta tem efeito cumulativo e é a garantia de destruição do entrosamento.

Na linguagem corporal, detalhes aparentemente pequenos de vestuário e comportamento sugerem importantes significados. Tanto é que o segredo do entrosamento pode estar num objeto simples. Pense no formato dos óculos dos colegas. O que nós achamos dos colegas pode ser sutilmente influenciado pelo formato redondo ou anguloso de seus óculos. Os óculos que Michael Kinsley usava na Microsoft eram redondos, não ameaçadores, fazendo com que ele parecesse uma pessoa de fácil trato. Um homem que usa óculos redondos e que ampliam o tamanho dos olhos provavelmente não morderá você. Michael parecia mais um peixe afável do que um tubarão faminto.

Numa foto corporativa de Kinsley em sua mesa do Edifício n. 25, tirada em 1999, ele usava uma simpática camisa de listras azuis-claras com o colarinho desabotoado, expondo a inofensiva gola branca de sua camiseta. As lentes grandes e redondas de Kinsley davam a ideia de aquários. Os seus olhos aumentados pareciam convidar a um olhar mais próximo. A armação circular e de plástico claro também assimilava o formato circular do rosto de Michael e acentuava a forma curvilínea de sua testa. Os óculos redondos e o rosto oval de Michael Kinsley transmitiam uma mensagem de entrosamento fácil: "Pode chegar perto – eu não mordo".

Os traços arredondados associados ao rosto e ao corpo feminino e infantil são um apelo simpático. Ombros, testas e óculos suaves e arredondados dizem: "Venha para perto de mim." Porém, os traços angulosos e duros associados ao rosto masculino, a ombros quadrados e óculos geralmente retangulares nos avisam sutilmente para manter a distância. No trabalho, esses sinais transmitem mensagens continuamente durante o expediente. O efeito amigável de formas redondas e o efeito mais intimidador de formas angulosas funcionam subliminarmente para incentivar ou desencorajar o entrosamento.

Entrosamento interrompido

Quando o seu chefe, com quem você tinha um bom entrosamento, passa a dar gelo (evita interagir informalmente), preste atenção. Uma mudança repentina no entrosamento sinaliza que você poderá ser despedido. Marcia Finberg, vice-presidente de *marketing* num complexo hospitalar em Phoenix, Arizona, percebeu que algo estava errado quando o diretor do hospital, com quem sempre se deu bem, começou a evitá-la. Finberg observou que, ao se aproximar, ele dava respostas sucintas e vocalmente frias (MATTIOLI, 2008: D6).

Quando o chefe desejou cortar o entrosamento, o ombro falou por si mesmo.

"Dar gelo" é uma expressão figurativa que significa afastamento e antipatia. No sentido literal da linguagem corporal, alguém dá gelo quando vira o rosto e o tronco, mostrando a lateral do braço. Ver o músculo deltoide do braço, e não o rosto de alguém, é um sinal preocupante. É o sinal impessoal sugerindo que você não é mais importante.

O mau pressentimento de Marcia Finberg, uma intuição baseada no comportamento alterado e na linguagem corporal esquiva do chefe, concretizou-se três meses depois, quando o seu cargo foi cortado e ela, demitida. Finberg foi perspicaz ao notar que o tratamento frio na verdade foi um mecanismo de defesa. O chefe não a estava evitando pessoalmente, mas sim evitando o conflito que um encontro cara a cara poderia causar. "Os chefes [disse Judith Glaser, da Benchmark Communications Inc., de Nova York] "têm uma aversão peculiar a conflitos" (MATTIOLI, 2008: D6). Quando o chefe de Finberg quis que o entrosamento terminasse, o seu corpo sinalizou isso.

Caminhando com os problemas

Os psicólogos industriais nos encorajam a discutir nossos problemas no trabalho. Nas sessões de psicologia em grupo, conversar é uma terapia. Como antropólogo que estuda a cultura do trabalho, proponho que nós também "caminhemos com os nossos problemas". Considere um pequeno estudo de caso que eu conduzi como participante-observador em um de meus antigos empregos.

Jan e eu trabalhávamos na mesma firma, no mesmo prédio, por vários meses, mas confesso que não gostava dela. Poderíamos dizer que não nos entrosávamos. Todos os elementos não verbais estavam faltando, então o entrosamento propriamente dito – o sentimento agradável de confiança mútua – também faltava.

Com seu jeito abrupto e agressivo – queixo erguido e ombros para trás –, Jan invadia a minha sala e ordenava que eu lhe entregasse meu relatório mensal "imediatamente". Jan era controladora da maneira mais antipática. Caminhava pisando duro, batia com as mãos voltadas para baixo, cheia de impaciência, e digitava com tanta força que até o monitor tremia.

Como eu não gostava do jeito de Jan, em vez de entregar meu relatório, eu atrasava. Jan voltava no dia seguinte e repetia a exigência, com as sobrancelhas hirtas e um olhar ainda mais severo, e eu atrasava de novo. No terceiro dia, o chefe dela vinha e pedia o relatório. Como eu me dava bem com ele, entregava o documento, mas sabia que, no próximo mês, Jan voltaria para pedir o relatório, e isso não teria fim.

Pare e pense: o nosso entrosamento era zero. Foram meses de repetidos episódios de passos duros, lábios tensos, sobrancelhas cerradas e voz baixa – e o meu atraso passivo-agressivo.

Mas algo finalmente aconteceu e rompeu o ciclo. Pegamos o mesmo voo da United Airlines para uma reunião de negócios em São Francisco. Embora não tenhamos nos sentado juntos, desembarcamos juntos e nos cumprimentamos na ponte de embarque. Depois de viajar o dia todo com estranhos, é bom ver alguém conhecido, ainda que não seja alguém de quem você necessariamente goste.

O que aconteceu depois me surpreendeu. Andamos lado a lado pela ponte de desembarque até o portão, depois mais alguns metros até a esteira. O que me surpreendeu é que, quando pegamos a nossa bagagem na esteira, já estávamos entrosados. Algo no ato físico de caminhar juntos nos aproximou emocionalmente após meses de distanciamento.

Lembre-se do significado de 7.000 anos da palavra "entrosamento": "companheiro de viagem". Quando Jan e eu caminhamos juntos pelo aeroporto, tornamo-nos companheiros de viagem. Dividimos os caminhos, fomos na mesma direção, buscando a mesma meta, vimos os mesmos sinais da rota e chegamos ao mesmo destino. A caminhada pelo aeroporto nos uniu em minutos, como não havíamos nos unido em meses de convívio no trabalho. Quando fomos para o hotel, bebemos juntos no bar e, pela primeira vez, tivemos uma conversa decente. Daquele dia em diante, Jan e eu deixamos de ser inimigos. Ela nunca mais me olhou de cara feia nem invadiu minha sala, e eu nunca mais atrasei os relatórios. Não verbalmente, graças à nossa caminhada conjunta, formamos uma dupla afável.

Os méritos de uma boa caminhada

Guboo Ted Thomas, o último ancião iniciado da tribo Yuin, na lendária costa sul da Austrália, trabalhava fora da sua sala em Melbourne, no Instituto Australiano de Estudos Aborígenes. O seu território, a montanhosa região costeira de New South Wales, era vasto e majestoso. Guboo – que significa "o seu bom amigo" no idioma *yuin* – passava boa parte do tempo fora da sala, no belo e arborizado interior, caminhando com políticos e conservacionistas.

Guboo nasceu sob um eucalipto na cidadezinha de Braidwood, a leste de Canberra, em 1909. Quando Guboo tinha 9 anos, seus familiares o levaram para caminhar de Mallacoota, perto da fronteira de Victoria, até o Rio Hawkesbury, ao norte de Sydney, para ensiná-lo sobre as montanhas, as formações rochosas, os rios e outros locais sagrados de origem aborígene. Enquanto caminhavam juntos pelo interior, Guboo aprendeu as histórias, as canções e as tradições sagradas do tempo da criação do mundo da sua terra ancestral. A terra tornou-se o seu livro, o qual ele estudou pela observação e atenção, e não pela leitura.

Após uma longa carreira de pescador, Guboo tornou-se um ancião da tribo e dedicou seus últimos anos à preservação dos locais aborígenes do tempo da criação do mundo. O *Sydney Morning Herald*, que descreveu Guboo como "um negociador inteligente e astuto", declarou que ele havia convencido o governo de New South Wales a separar grandes lotes de terra para serem parques nacionais, visando à preservação da terra. Ele conseguiu isso pedindo em palavras, com eloquência, e levando os governantes para caminhadas ainda mais eloquentes aos locais que desejava proteger.

Guboo poderia ter permanecido em sua sala e escrito cartas no próprio Instituto. Mas, ao contrário, preferiu agir. Os passos que deu em direção à preservação foram passos literais. Ele saiu para caminhar. Compartilhar a caminhada integrou os seus companheiros de viagem à sua busca.

Em 1979, o estado australiano de New South Wales decretou que a exploração da madeira fosse proibida na montanha favorita de Guboo, Mumbulla. "O trabalho dele com o Instituto de Estudos Aborígenes foi pioneiro [declarou o *Sydney Morning Herald*] e tornou-se a base de todas as futuras reivindicações de terra na costa sul" (*Newstead*, 2002). Para Guboo, caminhar com os outros em direção a uma meta comum valeu a pena.

O bom negócio da caminhada conjunta

No capítulo 10, vimos que a postura preferida de nossos parentes primatas, os micos e macacos, é a sentada. Nós, primatas humanos que trabalhamos em salas, passamos um bom tempo sentados enquanto os nossos dedos caminham pelo teclado. Tão natural quanto estar sentado, o melhor caminho para o entrosamento, como vimos, não é estar sentado, mas caminhar. Uma caminhada bípede permitia que nossos ancestrais mais antigos, três milhões de anos atrás, percorressem grandes distâncias nas savanas africanas. A sobrevivência exigia que eles estivessem em movimentação contínua, e a caminhada coletiva diária unia-os como aliados.

O indício físico mais antigo da caminhada no estilo humano remonta a 3,5 milhões de anos, nas pegadas de três ancestrais que andavam de pé por uma camada de cinzas vulcânicas no leste da África, hoje Laetoli, Tanzânia. As pegadas são quase idênticas àquelas dos humanos modernos. É provável que os ancestrais fossem familiares e conhecidos.

"Estou presente no momento, vivendo a experiência, quando caminho", um ser humano moderno, Joy Jones, disse ao *Washington Post* (JONES, 1992). No mundo do trabalho de hoje, caminhar promove sentimentos de estar presente no momento, e mais: caminhar para almoçar com um colega permite que você compartilhe a experiência bípede, que não apenas tem a batida sincopada e o ritmo duplo da música, mas também os movimentos oscilantes da dança. Na mesma rota, vocês dividem o caminho, veem as mesmas paisagens por onde passam e preveem um destino comum onde comerão e beberão juntos. O simples ato de caminhar para o almoço com um colega de trabalho promove a conversa e o entrosamento.

O ritmo da caminhada abre espaço para os pensamentos. Muitos filósofos foram caminhantes perpétuos por terem descoberto que os ritmos bípedes facilitam o pensamento e a contemplação criativa. Os seguidores de Aristóteles (384-322 a.C.), por exemplo, eram conhecidos como *peripatéticos* porque caminhavam e submetiam-se a "práticas em movimento" enquanto pensavam e compartilhavam ideias, em vez de ficarem meramente sentados. Em sua vida breve, Henry David Thoreau (1817-1862), que ponderava o sentido da vida humana nos ambientes naturais, andou aproximadamente 403.000km – dez vezes a circunferência da Terra.

Embora consigamos ficar sentados por horas nas cadeiras do escritório, estamos conectados a fortes instintos de movimento. Nossas pernas originaram-se há 400 milhões de anos do peixe de nadadeira lobada, espécie devoniana de peixe. Quando bebês, começamos a avançar um membro de cada vez, de quatro, de 6 a 9 meses de vida, engatinhando pelo mero prazer do movimento. Nascemos com dois reflexos para caminhar. O *reflexo plantar* faz com que os nossos membros inferiores contraiam os músculos extensores quando os nossos pés tocam uma superfície horizontal. Quando segurado sob os braços, o bebê consegue aguentar o próprio peso e dar vários passos para a frente no chão. Quando a perna do bebê toca a lateral de uma superfície reta, como a parte vertical do degrau de uma escada, o *reflexo de colocação* automaticamente levanta a sua perna e coloca o seu pé no plano horizontal.

Como somos andarilhos natos, e o confinamento diário nas empresas parece artificial, não surpreende que a nossa espécie tenha inventado maneiras de conduzir os negócios ao ar livre. Nós nos reunimos, trocamos memorandos, e-mails e mensagens de texto em recintos fechados, mas grande parte dos negócios também ocorre ao ar livre, de modo bípede, em retiros, refúgios e outros lugares "naturais" que alimentem a nossa necessidade inata de caminhar. Um bom exemplo de savanas contemporâneas são os campos de golfe.

O bom negócio do golfe

O que torna o golfe parte integrante do mundo empresarial de hoje? Na França, negócios são fechados no Parc du Golf, no coração do maior distrito empresarial em Aix les Milles. No Japão, o golfe tornou-se uma ferramenta essencial para que os funcionários mais jovens joguem e se adaptem à cultura corporativa de sua nova empresa. Nos Estados Unidos, de acordo com a revista *Golf Maga-*

zine, 98% dos presidentes de empresas jogam golfe. Decididamente, o jogo tem algo que combina com os negócios. Como veremos, não somente o placar é importante, mas o cenário. O golfe propicia uma paisagem evolutivamente correta ao entrosamento e às caminhadas corporativas.

"Para jogar golfe, traga tacos e bolas na bolsa. Para conduzir negócios, traga outros apetrechos [escreve Ben Miller em seu artigo no *Puget Sound Business Journal*]; o golfe empresarial tem pouco a ver com tacadas leves" (MILLER, 2005). Parece que o placar não é tão importante quanto o esquema bípede do jogo. Miller concorda com Patty Pearcy, controladora da Seattle Pacific Industries: "[O golfe] me ajudou a criar novas relações. Vem se tornando uma exigência, como um MBA. Muitos relacionamentos são construídos fora da empresa".

Originalmente conhecido como *colf*, o golfe começou a ser praticado na Holanda em 1297 d.C. com bolas feitas de madeiras de lei finas, como o olmo, o buxo e a faia. Em 1848, uma bola superior foi feita de uma seiva, uma substância elástica conhecida como guta-percha, que era fervida e moldada em fôrmas de ferro.

Não verbalmente, o golfe reconecta os jogadores à vida ancestral de subir em árvores e às experiências nas savanas – o que os nossos antepassados nômades conheciam originalmente no leste da África – e às suas raízes de caçadores-coletores. Os jogadores dispensam uma atenção incrível ao segurar o taco, o que lembra um galho de árvore, em termos de forma e espessura. Misturando pegadas precisas e força, os jogadores batem nas bolas como se estivessem batendo em pequenas presas nas caçadas.

Os movimentos corporais básicos do golfe (segurar o taco, girar o braço, dobrar o corpo e caminhar) estão embutidos em centros motores primitivos do nosso cérebro. Jogar golfe é uma forma evolutivamente correta de reavivar as experiências nas savanas que os nossos ancestrais nômades viveram. O jogo atual acontece com pequenos grupos de jogadores, que ficam frente a frente e caminham em savanas artificiais em busca das presas esféricas – bolas brancas e furadas, que golpeiam com os substitutos *high-tech* dos galhos: os tacos. A palavra inglesa *club* (taco) deriva do nórdico antigo, *klubba*, "arma pesada em forma de vara".

No reino profissional, negócios importantes são fomentados nos campos de golfe. Ao caminhar em campos gramados, face a face em grupos coesos, empunhando tacos, caçando bolas e batendo nelas, os executivos desfrutam a mesma concentração, competitividade e camaradagem que seus ancestrais vivenciaram na África. Postos de gasolina, metrô e *outdoors* não atrapalham a vista "natural". É um cenário voltado para a camaradagem, não para o comércio.

Caminhando pelo gramado

Vinte milhões de anos atrás, no Mioceno, partes do leste da África evoluíram de florestas tropicais a bosques abertos, quando nossos ancestrais arbóreos começaram a viver parte de sua vida no chão. Dois milhões de anos atrás, no Pleistoceno, os primeiros humanos (gênero *Homo*) viviam no leste da África como caçadores-coletores em campos tropicais e cobertos de arbustos – locais abertos quentes e planos, com árvores dispersas e pouca sombra, conhecidos como *savanas* (do vocábulo taino, *zabana*, "campo plano").

Os humanos antigos ficariam à vontade hoje, se caminhassem perto do 8º buraco no campo de golfe de Pebble Beach, na Califórnia, com seus penhascos, rochas, montanhas arborizadas e sinuosas pontilhando o horizonte. O *fairway* parece até o caminho que leva à caça, as armadilhas de areia poderiam ser lagos de sal secos, sem edifícios comerciais e postes atrapalhando a vista natural.

Os próprios nomes dos campos de golfe sugerem a percepção de *habitats* naturais. O nome do melhor campo público dos Estados Unidos, o *Brown Deer Park* (Parque do Cervo Marrom), em Milwaukee, Wisconsin, menciona o animal mais caçado nos Estados Unidos: o cervo. O melhor campo privado, o Cypress Point Club (Clube da Ponta do Cipreste), em Pebble Beach, Califórnia, leva o nome de uma árvore. A Hell's Half Acre, famosa por ser a maior armadilha de areia do mundo, localiza-se em Nova Jersey, no 7º buraco de um campo chamado de *Pine Valley* (Vale dos Pinheiros).

Como a experiência nas savanas aconteceu durante um período crítico da evolução humana, quando o cérebro do *Homo* estava se expandindo mais rapidamente do que qualquer cérebro na história dos vertebrados, os *habitats* em campos deixaram uma marca indelével na espécie. Hoje nós remodelamos a Terra ao nosso gosto, aplainando e suavizando a sua superfície para idealizar as planícies originais onde nossos ancestrais caçavam, colhiam e viviam. Encontramos conforto psíquico em espaços semiabertos. As *neossavanas*, com seus arbustos dispersos e reconfortantes grupos de árvores, é o tema paisagístico de *campi* universitários, parques urbanos, cemitérios e campos de golfe, onde fazemos negócios longe da empresa.

Entrosamento significa sair juntos e fazer coisas juntos

Em seu sentido mais profundo, o entrosamento implica fazer coisas juntos. No trabalho, isso acontece por meio de atividades compartilhadas, como jogar pingue-pongue ou futebol nos intervalos. Com a sua interação física, a atividade compartilhada suscita sentimentos de união, o que desempenha uma função valiosa em ambientes de trabalho eficazes.

Você viu como a atividade física da caminhada conjunta, seja ela em uma passarela corporativa em direção ao refeitório da Microsoft, ou em um *fairway* gramado no Parc du Golf, na França, naturalmente leva a relações de trabalho. O próprio ritmo da caminhada une aqueles que compartilham a sua marcha. Para se unir aos colegas de trabalho não é preciso um curso sobre "como construir a equipe". Apenas juntem-se e caminhem.

No próximo capítulo avançaremos além do simples entrosamento e aprenderemos sobre a confiança e como ela é evidenciada. No trabalho, como exatamente a confiança se manifesta?

13
Os sinais da confiança

Levamos anos para construir a confiança e apenas segundos para destruí-la.

Podemos saber mais sobre uma empresa com os seus sinais, símbolos e pistas não verbais do que com seus pronunciamentos oficiais. As palavras escolhidas com cuidado no relatório anual de uma empresa podem dizer menos sobre a firma do que, digamos, o lugar onde o seu presidente estaciona o carro. Considere o caso de Herbert "Bart" McDade III, ex-presidente da Lehman Brothers Holdings Inc. Sua vaga peculiar pode ter sinalizado muito a respeito da condição financeira da Lehman Brothers.

"Prezados Acionistas e Clientes", a empresa de McDade escreveu no relatório anual. "Em 2007, a Lehman Brothers viveu outro ano de recordes em receita líquida, renda líquida e lucro por ação, além de haver sobrevivido ao difícil ambiente do mercado. A nossa plataforma global de negócios diversificados também conquistou um desempenho recorde em cada um de nossos segmentos empresariais, assim como na Europa e na Ásia" (LEHMAN BROTHERS, 2007).

Palavras encorajadoras. Mas, um ano depois, em 15 de setembro de 2008, a Lehman Brothers faliu. Naquela época, foi a maior falência da história dos Estados Unidos. Naquela fatídica segunda-feira, funcionários tristes, irritados e chocados saíam do vistoso edifício da Lehman Brothers, perto da Times Square, em Nova York. Carregavam caixas de papelão com seus objetos pessoais e saíam pela porta da frente para sempre. Os recordes em receita, renda e lucro declarados no relatório de 2007 subitamente pareciam irreais.

Se, por um lado, a declaração aos acionistas de 2007 dizia: "Está tudo bem com a Lehman", a localização do carro de Bart McDade dizia o contrário. "Quando os mercados financeiros estavam crescendo [descreveu o *Wall Street Journal*] McDade, por superstição, sempre estacionava seu carro na mesma vaga, nos fundos da sede da Lehman, em Manhattan" (CRAIG, 2008a: CI). O artigo ainda disse que McDade, adepto da antiga crença taoista do *feng shui*, recusou uma sala, preferindo outra que tinha uma "energia melhor".

Pode parecer estranho que um banqueiro, responsável por bilhões de dólares, seja tão supersticioso. Superstição é uma crença ou prática mantida irracionalmente por ignorância ou que despreza o conhecimento das leis da natureza. Estacionar o carro na mesma vaga mágica para que os mercados continuem a crescer é como andar com um pé de coelho para atrair sorte. Num banqueiro, nenhum desses hábitos inspira confiança.

Começamos a nossa observação sobre os sinais de confiança com a Lehman Brothers Holdings porque esse exemplo ilustra como a confiança pode ser frágil, e como pode sumir rapidamente. Quando não se confia na administração, especialmente em uma economia seriamente cambaleante, pode ser a hora de rever as suas opções. No caso da Lehman, sinais visíveis de confiança foram sumindo à medida que a crise econômica mundial aprofundava-se em 2008.

Fundada em 1850, a Lehman Brothers tornou-se uma firma de serviços financeiros globais com um patrimônio de $230 bilhões e mais de 28.000 funcionários. Com sede na cidade de Nova York, a empresa tinha filiais regionais em Londres, Tóquio e em outras partes do mundo.

O sentimento da confiança

"Confiança" é acreditar firmemente na integridade, capacidade ou caráter de uma pessoa, um animal ou objeto. A palavra inglesa *trust* (confiança) tem raízes antigas e deriva do radical indo-europeu, de 7.000 anos, *deru-*, que significa ser firme, sólido e constante. *Deru-* também tem sentidos especializados de "madeira", "árvore" e derivados que se referem a objetos de madeira. Então, há um forte sentido de solidez na palavra.

Como somos primatas com dedos capazes de segurar, depreendemos um sentido de segurança animal dos objetos sólidos que seguramos com as mãos. Quando éramos crianças e subíamos em árvores, acreditávamos que os galhos onde segurávamos não nos deixariam cair. Agora, como adultos que trabalham, gostamos de sentir que nossos colegas também serão firmes e sólidos a nosso favor. A confiança no trabalho é algo que literalmente precisamos sentir.

No relatório anual de 2007 da empresa, o chefe do presidente McDade, o Presidente e Diretor Executivo Richard Fuld Jr., aparece em uma foto de pé em sua sala, com vista para o horizonte de Manhattan. Veste um terno escuro, uma alinhada camisa branca e uma gravata salmão. A sua mão direita está dentro do bolso da calça, enquanto a sua mão esquerda, aberta e aparentemente descontraída, pende ao seu lado. Com temperamento sabidamente fechado, Fuld sorri para a câmera. Se Fuld, que é halterofilista, parece totalmente no comando, isso deve-se principalmente à sua constituição muscular, ao olhar penetrante e à cabeça em posição perfeitamente firme. O fato de estar seguro em seu *habitat* é visível.

Como descreveu a revista *Fortune*, o corpo atlético e "notório mau humor" de Richard Fuld inspiraram o apelido de "Gorila". A revista *Mother Jones* atribuiu o apelido à "presença imponente e estilo pugilista" de Fuld. Certa vez, ele teria se envolvido numa briga com outro pai no jogo de *hockey* do seu filho. Na Lehman Brothers, Fuld era conhecido por seu estilo administrativo agressivo. Um colega da Lehman disse que, certa vez, Fuld agarrou seus braços e ameaçou demiti-lo.

No contexto bancário, a superstição de Bart McDade e o temperamento pugilista de seu chefe não inspiravam confiança. Os dois perfis, afinal de contas, são contrários à razão, e ambos não condizem com o que se espera de um banqueiro. Sugeriram que o defeito fatal de Richard Fuld pode ter sido a sua insolência, a tendência de reagir às situações com arrogância e orgulho arrebatador. Como ressaltam Christian Plumb e Dan Wilchins em sua análise para a Reuters: "Em momentos críticos, Fuld parece ter jogado um jogo temerário, recusando ofertas que poderiam ter salvado a firma, por achar que elas não refletiam o valor que ele via no banco" (PLUMB & WILCHINS, 2008).

Como Diretor Executivo, Fuld manteve sua posição assertiva como a da foto de 2007, não abrindo espaço a compradores que poderiam ter recuperado a sua firma doente. A crença de que a empresa valia mais do que de fato valia levou o Gorila a não mudar de opinião e depois a declarar falência repentinamente, em 2008. Como um gorila macho de dorso prateado, Dick Fuld foi um homem inflexível. Ele achou que a Lehman Brothers deveria obter um preço de compra maior e teimou com essa crença.

Em banqueiros que lidam com grandes somas de dinheiro, a superstição e o orgulho são sinais desanimadores. Por demonstrar desprezo pela razão e pelas leis científicas, a superstição é um sinal especialmente perturbador. Porém, tanto McDade quanto Fuld pareceram ser extremamente supersticiosos sobre um dos principais produtos financeiros da Lehman Brothers. Quando o mercado imobiliário estadunidense estava no auge, no início de 2005, a Lehman Brothers investiu bilhões de dólares em hipotecas imobiliárias, que depois foram recondicionadas como "obrigações de dívidas colateralizadas" (CDOs) e vendidas a outros investidores como títulos de crédito.

A palavra inglesa *security* (segurança) significa ausência de risco ou perigo. Embora as CDOs sejam chamadas de *securities*, elas não são nada seguras. As fórmulas matemáticas das CDOs são tão complexas que ninguém consegue apresentar uma explicação razoável de seu valor ou de seu real funcionamento. Mas, quando a razão falha nos mercados financeiros, a superstição vem à tona, e aos banqueiros só resta acreditar. A Lehman remendou e vendeu as CDOs agressivamente, inclusive contabilizando-as como "ativo" em seus balanços patrimoniais. De fato, as CDOs tornaram-se papéis mágicos com poderes assombrosos. Impressas em forma de certificados para transmitir a sensação de maior concretude, o sentido corporativo de toque da Lehman proclamou-as "reais".

Quando os preços imobiliários caíram em 2006 nos Estados Unidos, e os mutuários começaram a não pagar os empréstimos, as CDOs logo começaram a se desvalorizar. Os certificados pareceram menos mágicos e muito menos reais. A confiança pública em seu poder como patrimônio evaporou. O Diretor Executivo Fuld, porém, manteve supersticiosamente a sua crença de que os títulos de crédito respaldados em hipotecas da Lehman eram sólidos. Evidentemente, as coisas não andavam bem na Lehman Brothers, mas Fuld acreditou que a empresa tinha capital suficiente para superar a crise. Como antropólogo, eu diria que ele achou que os papéis mágicos seriam a sua salvação.

É claro que não... A crença de Richard Fuld nesses documentos (certificados de empréstimos hipotecários e CDOs) era um pouco mais do que superstição. Depois que os acordos de compra do controle acionário de Fuld com o Bank of America e a Barclays Capital falharam, Fuld apressou-se a entrar na justiça e declarar a falência da Lehman Brothers na fatídica manhã de setembro de 2008. A confiança pública na firma e em seu Diretor Executivo pugilista também iria à falência. "As decisões de Fuld levaram a empresa à ruína, e a diretoria não tomou nenhuma atitude", disse Thomas DiNapoli, auditor do estado de Nova York (TONG, 2008). Ao que tudo indica, ninguém ousou enfrentar o gorila na sala de reuniões da Lehman.

Um saxofone e uma jaqueta de couro

Como executivo legítimo, Norman Hsu foi um lamentoso fracasso. Mas, como conquistador de confiança, o astuto negociante de Hong-Kong, com sua fala mansa, era um gênio. Por causa de certos favores, como obter mais de $800.000 para a sua campanha de Presidente dos Estados Unidos, a então senadora Hillary Clinton chamou publicamente Hsu de "um amigo confiável" (DUGAN et al., 2007: A14).

"Eu achei que, se Hillary confiava nele, eu também poderia confiar", disse Martin Waters, um dos investidores de Hsu (DUGAN et al., 2007: A1). Norman Hsu visivelmente alavancava seus negócios com Bill e Hillary Clinton para conquistar a confiança das pessoas, como Waters, e assim elas investiriam dinheiro em seus esquemas. Hsu exibia um saxofone, por exemplo, autografado pelo Presidente Clinton, e mostrava uma jaqueta de couro com o selo presidencial ao investidor Waters, dizendo: "Bill Clinton me deu" (A14). Em seu sobrado na cidade de Nova York, Hsu exibia uma coleção de fotos, vídeos e cartas pessoais de agradecimento da ex-senadora Hillary Clinton.

Como os certificados de títulos de crédito da Lehman Brothers e as ostras do Grande Homem Ongka (a seguir), os artefatos dos Clintons que pertenciam a Norman Hsu eram exibidos como sinais visíveis de confiança. Ver é crer, e os objetos, embora não pudessem falar, testemunhavam a favor da conduta de Hsu. A fluência oral de Hsu era precária, mas ele falava com paixão. Sua gargalhada, seu sorriso tímido e aparência discreta convenceram os outros a apoiá-lo, contribuindo financeiramente para eleger mais Democratas. Funcionando como sinais de confiança, o saxofone e a jaqueta de couro de Hsu eram suficientemente visíveis. O único problema é que eram falsos. Logo depois de integrar o grupo que angariava fundos para a campanha de Hillary, Hsu foi preso por roubar $60 milhões dos investidores em seus esquemas fraudulentos (DUGAN et al., 2007: A14).

Acreditamos nos porcos

Se a confiança é importante para produtos nebulosos, como CDOs, também é para produtos tangíveis, como barriga de porco. Cortes de barriga de porco são negociados a termo na Bolsa Mercantil de Chicago desde 1961. A unidade de comércio são sólidas vinte toneladas de barriga de porco cortada e congelada, com a qual se faz o *bacon* nos Estados Unidos. Os comerciantes assinam contratos para comprar ou vender números fixos de unidades de barriga de porco em data futura acordada. Na verdade, os comerciantes apostam se o preço do *bacon* vai aumentar ou diminuir, e confiam que todos os signatários honrarão o contrato.

No comércio de barriga suína, um sinal visível de confiança é o próprio contrato, que é um certificado escrito. Se uma das partes inadimplir, a questão é levada à justiça. O juiz ou o júri, então, consulta o documento escrito para verificar violações de confiança. Mas e se não houvesse tal documento? E se não houvesse contratos escritos, nem mesmo um sistema de escrita? Esse é o caso entre os comerciantes de suínos na Nova Guiné aborígene, onde os sinais visíveis de confiança são todos não verbais.

Para ter uma ideia de como é a confiança num mundo ágrafo, vejamos um exemplo exótico: o caso do carismático "Grande Homem" das Terras Altas da Nova Guiné. O Grande Homem (também há "Grandes Mulheres") é um ancião tribal que governa pela influência, não pela autoridade. O Grande Homem não dá ordens nem dita normas como um chefe. Ao contrário, ele é persuasivo.

A liderança na Nova Guiné acontece através de demonstrações visíveis de convencimento oratório e da eloquência da linguagem corporal. Para o Grande Homem, os sinais mais tangíveis de confiança são, respectivamente, a confiança exibida através de sua própria comunicação corporal e de seus próprios porcos vivos. Na Nova Guiné pré-escrita, mostrar um porco saudável amarrado em uma estaca *olka*, fincada no chão por meio de um ritual, é a forma aborígene de dizer: "Eu mostro o dinheiro". Os porcos são sinais confiáveis de riqueza, e os homens que não os possuem são considerados *etamb*, palavra em melpa que significa "lixo".

Os Grandes Homens constroem extensas redes de parceiros comerciais com quem, em cerimônias chamadas *mokas*, trocam porcos vivos, carne de porco cozida e relíquias ornadas de ostras. O mais famoso de todos os Grandes Homens da Nova Guiné é Ongka, o colorido e carismático líder da tribo *kawelka*. Poucos homens nas Terras Altas têm a posição ou a estatura de Ongka.

No clássico documentário *Ongka's Big Moka* (1974), a primeira coisa que notamos no famoso Grande Homem é o seu passo confiante. Ele anda de um jeito enérgico e musculoso que sugere certeza, autoconfiança e objetividade. A maneira pela qual anda, com a cabeça erguida, os braços balançando vivamente e os ombros retos, mostra aos observadores que aquele homem sabe exatamente para onde está indo e por quê.

A sala rústica de Ongka, perto da cidade de Mount Hagen, nas Terras Altas, fica dentro da casa dos cerimonialistas. A casa circular fica num parque espaçoso e gramado cercado de flores, casuarinas e folhosas cordilines. Tal como a superstição de Bart McDade, que estacionava o carro na mesma vaga "mágica" para que os mercados financeiros continuassem crescendo, os homens da tribo *kawelka* enterram pedras mágicas, cultivam samambaias mágicas (*nong*) e plantam árvores de flores vermelhas em seu parque para atrair a riqueza. O cenário verdejante, parecendo um *campus*, não é diferente das instalações gramadas da Microsoft em Redmond, Washington, onde Michael Kinsley trabalhou em seu espaço modulado. Ao contrário do ambiente de trabalho de Kinsley, porém, dentro da sala de Ongka não encontramos telefone, e-mail, nem teclado – nem relatórios escritos, mensagens de texto ou memorandos de qualquer espécie – tampouco contratos impressos. Nas Terras Altas da Nova Guiné, a comunicação é estritamente face a face e pessoal.

Em uma festa *moka* perto de sua sala, Ongka vestiu-se de penas de aves-do-paraíso, uma saia de cordiline, e usava um pingente de ostra branca e brincos de caracol verdes, pronto para fazer o seu discurso aos Grandes Homens rivais. Mesmo sem microfone, a voz melódica e atenorada de Ongka atravessava a multidão. Todos ao alcance da voz ouviam o seu pronunciamento claramente.

Enquanto falava, a linguagem corporal de Ongka mostrava um pendor incontestável para a liderança. Como escreveu o meu colega Kenneth Read em seu livro, *The High Valley*, os Grandes Homens tipicamente discursam "com gestos arrebatadores e floreados, pontuados de momentos de imobilidade calculada, quando a perna firme ou o braço estendido [enfatizam] as palavras que pairam no ar como o som de uma corda vibrante" (READ, 1965: 20). Acrescentando a própria compostura às palavras faladas, Ongka gesticulava dramaticamente e dançava, alegrava-se subitamente, andava para a frente e para trás com segurança, brandia seu machado de aço e finalizava as frases com prolongados sons em "o-o-o-o". Aqueles que viram *Ongka's Big Moka* comprovarão que os seus tons de voz e a sua linguagem corporal são espantosamente brilhantes.

A meta profissional de Ongka era acumular a fortuna de 600 porcos. Mas, por ser o principal Grande Homem da tribo *kawelka*, ele não podia ficar com nenhum animal. Ongka doaria todos os porcos. Juntar 600 porcos num único lugar, ao mesmo tempo, exige muita confiança. Anos antes da cerimônia *moka* acontecer, Ongka acreditou que a sua dispersa rede de parceiros comerciais compareceria com todos os seus porcos. Os parceiros, por sua vez, acreditaram que Ongka doaria todos os porcos, não ficando com nenhum animal.

O mundo comercial tradicional de Ongka lembra tempos mais simples nos Estados Unidos, quando os negócios eram fechados não com contratos verbais, mas simples apertos de mão de compromisso. Porém, se o mundo tropical de Ongka é "mais simples", também é cerimonioso e muito mais exótico. Além de porcos amarrados e linguagem corporal teatral, um dos principais sinais de confiança não é um aperto de mão nem um documento, mas uma relíquia preciosa: uma ostra luminosa belamente arranjada. Na tribo *kawelka*, duas ostras da espécie *Pinctada maxima* valem um porco pequeno, e oito ostras valem um porco grande. Na tribo *kawelka*, acredita-se amplamente que o brilho de uma ostra é um sinal mágico que atrai outras ostras para o Grande Homem. É a versão *kawelka* da crença nutrida em Wall Street de que "riqueza atrai riqueza".

A poderosa linguagem corporal e dramaturgia de Ongka, seus porcos amarrados e os porcos devidos a ele, além de sua impressionante exibição de ostras, renderam a Ongka uma confiança sem precedentes na região. Aproveitando a confiança dos moradores da área de Mount Hagen, em 1974, Ongka organizou a maior festa *moka* já realizada na terra *kawelka*. Na cerimônia, ele doou o número recorde de 600 porcos e vários outros objetos de valor. Repleta de sinais visíveis de confiança, a grande festa *moka* de Ongka fez dele o mais renomado ancião da tribo *kawelka*. Ele conquistou influência excepcional sobre os seus rivais, além de gratidão. Por sua vez, cada Grande Homem rival deveria preparar seus próprios sinais de confiança e devolver mais do que havia recebido de Ongka. Como a dívida deveria ser liquidada em alguns anos com mais de 100% de juros, Ongka preparou-se para ser ainda mais rico. O fator confiança foi tão grande entre os seus parceiros comerciais que o renomado Grande Homem ficaria ainda maior.

Da barriga suína ao esquema Ponzi

Ao contrário de Ongka, que andava descalço, falava melpa e vivia em Nova Guiné, Bernard L. "Bernie" Madoff calçava lustrosos sapatos de couro, falava inglês e vivia em Manhattan, Nova York. Também ao contrário de Ongka, que apresentava uma imagem confiável de si mesmo em favor da sua *moka*, Madoff forjou uma imagem confiável para perpetrar uma fraude histórica. O rosto aberto, sincero e confiável de Ongka contrasta com o de Madoff, que tinha a aparência dolorosa da confiança desfigurada.

Quando o escândalo Madoff explodiu em dezembro de 2008, a primeira coisa que observei naquele homem foram os lábios muito comprimidos. Eram virados para dentro e tão apertados que eram quase invisíveis. Depois de estudar a foto amplamente divulgada do perfil direito de Madoff, tirada por Don Emmert para a Getty Images, a minha primeira impressão foi que aquele homem escondia algo grave. Quanto mais eu sabia sobre ele, mais percebia que a inversão labial crônica de Bernie Madoff era sintomática de algo realmente muito sério. Ele havia violado intencionalmente a confiança de seus clientes de investimentos – inclusive a confiança do seu melhor amigo e mentor, Carl Shapiro (ao custo considerável de $400 milhões) – e ludibriou-os aproximadamente em *$65 bilhões*. Daria para comprar muitas barrigas de porco...

O homem dos lábios cronicamente invisíveis sumiu com mais dinheiro em seu esquema Ponzi do que qualquer outro na história das finanças. Embora evidentemente *não* fosse confiável, muitos *confiaram* suas fortunas pessoais a Bernie Madoff. Quais foram os sinais visíveis de confiança vistos pelos clientes dele? Por que muitos ficaram tão perplexos ao descobrir – depois que Madoff confessou em dezembro aos filhos e ao FBI – que seus investimentos não eram válidos? Ninguém leu os lábios dele?

Como vimos nos capítulos 1 e 10, lábios tensos podem sinalizar emoções negativas. No *Nonverbal Dictionary*, defino "boca tensa" como (1) "um gesto produzido quando alguém comprime, vira para dentro e estreita os lábios numa linha fina", e (2) "uma posição da boca em que os lábios estão visivelmente apertados e pressionados através da contração dos músculos labiais e mandibulares" (GIVENS, 2009). Os lábios, aquelas dobras musculares, carnudas e sem pelos ao redor da abertura da boca são a nossa parte corporal mais emotivamente expressiva. A tensão labial e mandibular reflete claramente sentimentos de ansiedade, nervosismo e estresse emocional. Uma boca agudamente tensa pode marcar com precisão o início de uma mudança de ânimo, um novo pensamento ou uma mudança repentina de opinião.

Uma expressão com os lábios tensos pode ser crônica ou aguda. Os lábios de uma pessoa cronicamente irritada ou irada podem "congelar" numa expressão permanente de lábios comprimidos, como aquela mostrada nas fotografias da década de 1960 do então diretor do FBI, J. Edgar Hoover. Em seus últimos anos, o polêmico Hoover era visto por muitos como um homem rígido, amargurado e paranoico. Por outro lado, uma expressão aguda ou temporária de boca tensa foi capturada em algumas fotos do Presidente Bill Clinton durante o escândalo de 1998, como a conhecida capa da edição de 21 de setembro de 1998 da *US News & World Report*. Mais cedo, quando sentou-se na sala de estar da Casa Branca em 17 de agosto de 1998, minutos antes de fazer a sua confissão ao povo americano ("De fato, eu tive um relacionamento com a Srta. Lewinsky que não foi apropriado"), os lábios de Clinton, geralmente descontraídos e virados para fora, comprimiram-se fortemente, viraram para dentro e desapareceram.

Mais parecida com a boca de Hoover do que a de Clinton, a boca tensa de Bernie Madoff reflete um homem profundamente perturbado, alguém que há muito tempo sente o tormento da confiança desfigurada. Os seus lábios, visíveis em outros tempos – como numa foto de Madoff em 1960, em tempos mais felizes, como padrinho no casamento de um amigo –, sumiram assim que a boca tensa instalou-se em seu rosto. Essa expressão facial é bem estudada. Micos e macacos mostram expressões de lábios comprimidos antes de atacar (GIVENS, 1976). Crianças em situações ameaçadoras comprimem os lábios (STERN & BENDER, 1974). Os lábios comprimidos são um sinal agressivo em nosso parente primata mais próximo, o chimpanzé pigmeu (WAAL & LANTING, 1997). Nas Terras Altas da Nova Guiné, quando os homens da tribo eram solicitados a mostrar o que fariam se ficassem com raiva, prestes a atacar, o psicólogo Paul Ekman, da Universidade da Califórnia, relatou que "eles pressionavam os lábios" (EKMAN, 1998: 238).

Fóssil gestual deixado após milhões de anos de evolução, a boca tensa é inervada por nervos viscerais especiais originalmente criados para a alimentação. A expressão é emocionalmente sensível hoje e ainda reflete sensações viscerais – sensações emocionais – deflagradas por agressão, raiva e medo. Contraímos os lábios para fechar a abertura da boca, numa espécie de "revolta não verbal" para proteger a cavidade oral de produtos químicos venenosos, por exemplo, ou inimigos que se aproximam. A boca tensa crônica de Bernard Madoff é uma provável reação ao mundo financeiro tóxico que ele mesmo criou, um mundo que envenenou milhares de investidores e levou clientes vingativos a se unir na rua, na porta de sua alta cobertura.

Antes do deslindamento do seu esquema Ponzi, Bernie, assim como Ongka, havia construído uma imagem confiável durante anos. Suas credenciais eram impecáveis: era bacharel pela Universidade Hofstra, havia estudado por um ano na Faculdade de Direito do Brooklyn, fundou a Bernard L. Madoff Investment Securities (Bmis) e foi presidente da Nasdaq. Vestia ternos caríssimos, colecionava objetos de época e morava em casas luxuosas, nos melhores bairros. Viajava em jatinhos particulares, iates e carros caros. Assim como os membros do clã de Ongka, na Nova Guiné, exibiam ostras para atrair a riqueza do interior, Bernie Madoff exibia pertences luxuosos a fim de atrair investidores para o seu esquema. Como não era dado à propaganda vocal agressiva, Madoff deixava que sua aparência física e seus bens fizessem a propaganda.

A sede da Bmis ficava bem no centro corporativo de Nova York, em 885 Third Avenue, num edifício comercial de 34 andares conhecido como "Prédio do Batom" (O arranha-céu é chamado assim por causa de seu formato oval e paredes de granito vermelhas que o fazem parecer um batom gigante.) A Bmis ocupava o 17º, 18º e 19º andares. A sala de Bernard Madoff ficava no 17º andar. Por muitos anos, porém, Bernie passou um bom tempo fora da empresa em busca de clientes nos campos de golfe. De fato, diziam que os campos de golfe eram seu território favorito para caçar novos investidores. Ele era sócio do Palm Beach Country Club e de mais uns cinco clubes de golfe. Lembre-se do capítulo 12, onde vimos que a prática do golfe é a forma evolutivamente correta de obter entrosamento corporativo, e foi o que Bernie fez. De acordo com o escritor financeiro Peter Sander, "Dizem que um terço dos 300 sócios do Palm Beach Country Club são investidores de Madoff" (SANDER, 2009: 76).

Além de explorar a psicologia evolutiva do golfe, Madoff também explorava os sinais visuais e comportamentais de igualdade. Você deve lembrar do princípio réptil de isopraxia brevemente discutido no capítulo 10. A isopraxia – "comportamento igual" – é a noção de que, vestindo-se da mesma maneira, sendo sócios do mesmo clube, contribuindo com as mesmas entidades filantrópicas e jogando golfe juntos nos mesmos locais, as pessoas sentem-se subliminarmente unidas. Como "ser igual é seguro", biologicamente, como pássaros que exibem a mesma plumagem, é possível estabelecer confiança facilmente com aqueles que são "exatamente como você".

Como Bernard Madoff é judeu, por muito tempo aproveitou-se principalmente de pessoas judias, que eram "exatamente como ele". Nas atividades do clube, ele usava as mesmas colheres de prata, comia os mesmos pratos sofisticados, nos mesmos pratos de porcelana, bebia o mesmo vinho fino em cálices idênticos e usava os mesmos guardanapos de linho que os outros usavam para limpar as mãos e os lábios. A identidade que o unia aos companheiros de golfe culminou na "fraude por afinidade", o crime de roubar não de estranhos, mas de pessoas parecidas. Ao revelarem seus sinais peculiares de identidade, foi fácil tomar seu dinheiro. Logo as pessoas estavam fazendo fila – literalmente pedindo, chorando e implorando – para investir com o gênio das finanças Bernie Madoff.

Como alguém poderia saber que "aquele que é igual a mim" era uma fraude? Havia pistas, mas Bernard L. Madoff era tão parecido com suas vítimas que as pistas pouco importavam. Um sinal claro de perigo é que Madoff não fornecia informações consistentes nem documentação impressa sobre os fundos nos quais ele supostamente investia o dinheiro dos clientes. Mais uma vez, ao contrário de Ongka, cujas fileiras de porcos amarrados "mostravam o dinheiro" concretamente, Madoff mostrava apenas extratos bancários falsos de investimentos inexistentes. O dinheiro dos clientes ia diretamente para o Chase Manhattan Bank e ficava lá, sem investimento, até que ele sacasse fundos para si mesmo, ou sacasse fundos de "investidores" mais recentes, a fim de pagar os juros de contas mais antigas (a clássica tática Ponzi). Como não havia investimentos em títulos de crédito, porém, quando os clientes quiseram o seu dinheiro de volta em 2008, ano em que a economia entrou em colapso, não havia nada para devolver. Simplesmente não havia porcos na pocilga de Madoff.

Outro sinal de perigo era a necessidade conspícua de sigilo de Bernie Madoff. Ao contrário de Ongka, que tudo exibia publicamente, desde as suas penas de ave-do-paraíso até o seu caminhar seguro, a maior parte da vida empresarial diária de Bernie era oculta. Enquanto o 18º e o 19º andares do Prédio do Batom estavam cheios de arquivos e funcionários ocupados, o 17º andar – o andar de Bernie – era ocupado apenas com vinte e poucos colegas misteriosos. Poucos dos outros andares ou do mundo exterior visitavam o 17º andar, que foi caracterizado como o "santuário" de Bernie Madoff.

Escondido

"Por que tanto sigilo?", questionou Harry Markopolos sobre Bernard L. Madoff (SANDER, 2009: 100). Em 2000, a Rampart Investment Management Company, de Boston, incumbiu o seu funcionário Markopolos de pesquisar a estratégia de investimento de Madoff para ver se a Rampart poderia alcançar os retornos continuamente altos dos investimentos de Madoff. Como não conseguiu replicar a estratégia, Markopolos supôs que Bernie Madoff poderia estar operando um esquema Ponzi.

Uma das principais suspeitas de Harry Markopolos sobre um possível esquema Ponzi relacionava-se ao sigilo de Madoff. O sigilo era um sinal de que Bernie Madoff poderia estar usando meios ilícitos para lucrar com seus investidores excessivamente confiantes.

A palavra inglesa *secrecy* (sigilo) é a qualidade ou a condição de estar escondido, secreto ou oculto (SOUKHANOV, 1992: 1.630). A palavra inglesa deriva do vocábulo indo-europeu, de 7.000 anos, *krei-*, "sigilo". Neste livro, mencionei palavras importantes, como "entrosamento", "perceber" e "confiança" e suas antigas origens. Faço isso para informar de onde vêm as palavras, como se desenvolveram e que conotações ocultas podem existir atualmente.

As vítimas do esquema Ponzi de Bernard Madoff podem estar interessadas em saber que derivados importantes do radical indo-europeu *krei-* incluem "charada", "falsificação", "criminoso", "crise", "hipocrisia" e "excremento", um tributo adequado ao gênio das finanças de lábios contraídos.

Um dos colegas mais enigmáticos do 17º andar era Frank DiPascali, que esteve com Madoff por mais de 30 anos. "Só havia estudado até o ensino médio e tinha sotaque do Queens [descreveu a revista *Fortune*]; ia trabalhar numa versão engomada, sem nenhuma harmonia, do uniforme de um vagabundo: *jeans* apertado, blusa de moletom e tênis branco grosseiro ou mocassins. Era visto com frequência fora do prédio, fumando um cigarro" (BANDLER et al., 2009).

"Ninguém sabia ao certo o que ele fazia nem qual era o seu cargo", continua o artigo. "'Ele era como um ninja', diz um ex-funcionário que trabalhava no andar das operações legítimas [19º andar]. 'Todos sabiam que ele era importante, mas ele parecia uma sombra'" (BANDLER et al., 2009). DiPascali costumava ser o único funcionário que permanecia na sala de Bernie quando as transações eram realizadas entre Madoff e os sócios que proviam fundos "de alimentação" para o ilícito esquema Ponzi.

Os pesquisadores comentaram o problema de encontrar informações públicas sobre o elusivo Bernard Madoff. "O anuário de 1960 da Universidade Hofstra deveria mostrar informações esclarecedoras sobre Madoff [Peter Sander escreve], mas não mostra. Aparentemente, ele não foi mencionado, nem aparece nas fotos do anuário. Os colegas de turma entrevistados não se lembravam dele" (SANDER, 2009: 25). Ao que tudo indica, o sigilo caía-lhe bem desde o início de sua carreira.

Bernie raramente reunia-se com seus clientes. "Embora administrasse bilhões de dólares para pessoas físicas e jurídicas [declarou o *New York Times*], ele evitava reuniões individuais com a maioria dos investidores, envolvendo-se numa aura de mágico de Oz, tornando-o ainda mais desejável aos que tentavam encontrá-lo" (CRESWELL & THOMAS, 2009). Como o mágico de Oz, Bernard L.

Madoff construía a confiança através da ilusão. Como diz o aforismo no início deste capítulo: *Levamos anos para construir a confiança e apenas segundos para destruí-la.*

No mundo empresarial, a confiança costuma ser vista como algo intangível. Bens intangíveis, como a boa vontade e o trabalho em equipe, não são percebidos pelos sentidos, nem notados ou definidos (SOUKHANOV, 1992: 937). Como vimos neste capítulo, porém, a confiança também tem um lado tangível e concreto mostrado em sinais visíveis de conduta apropriada ou não. O estacionamento de Bart McDade, os certificados CDO de Richard Fuld, os porcos e as ostras de Ongka, e a boca tensa crônica de Bernard Madoff estão todos disponíveis aos sentidos como sinais de confiança – ou desconfiança.

Os sinais visíveis de confiança quase sempre estão disponíveis no local de trabalho, mas, para serem úteis, precisam ser lidos. Lembre-se de que a decifração é o ato de prever intenções e estados de ânimo pelo exame perceptivo dos sinais não verbais. A decifração é um processo ativo que exige dedicação mental e prática constante. Como você está quase no fim deste livro, creio que já esteja no caminho certo.

No capítulo de conclusão, você visitará um local de trabalho conhecido pela total ausência de privacidade. Entre suas paredes, todos os movimentos de todos os corpos são observados. É um passo em direção a um provável futuro, em que todos os passos, todos os toques no teclado e movimentos corporais no trabalho serão monitorados.

Conclusão
O seu corpo no trabalho

Quando me procuram para propor negócio, eu uso os sinais para determinar se essas pessoas acham que a sua proposta é "forte" ou "fraca", se é razoável ou exagerada.
Phil Hellmuth Jr., vencedor de 11 braceletes do *World Series of Poker*.

Lembre-se do especialista em pôquer Joe Navarro, que comentou a linguagem corporal no capítulo 1: "O principal objetivo da observação na mesa de pôquer é o acúmulo de inteligência – você deseja saber o máximo possível sobre cada um dos seus oponentes à mesa" (NAVARRO, 2006: 10-11). Comentei que, não importa se você está na mesa de carteado ou na mesa de reunião, os riscos são altos, e a observação da linguagem corporal adiantará você no jogo. Assim como os sinais na mesa de pôquer, os movimentos do corpo são reveladores na mesa de reuniões também.

Embora eu não seja um jogador, tive o prazer de dar uma palestra no Caesars Palace, em Las Vegas, Nevada, na 4ª Conferência Anual para a Proteção dos Jogos no Mundo, em 2009. A minha palestra sobre "Sinais de crimes em cassinos" resumiu observações que eu havia feito em cassinos nas áreas de Atlantic City, Las Vegas e Spokane. Atraídas pela boa comida, bebida, entretenimento e dinheiro fácil, pessoas de todos os estilos de vida vão ao *habitat* dos cassinos. Não há lugar melhor para observar a linguagem corporal do que a mesa de bacará, vinte e um ou jogo de dados.

No Caesars Palace, a decifração – a análise perceptiva de sinais não verbais – é mais do que mera observação. A decifração é uma ocupação em tempo integral no Caesars. Os seguranças são pagos para observar os clientes e os funcionários, e uns aos outros, 24 horas por dia. Como o produto do cassino é o dinheiro e, considerando que os seres humanos são primatas com mãos astutas e ávidas, os cassinos enfrentam o problema perene do roubo. Os seguranças enfrentam problemas com apostas atrasadas, troca de cartas, furto de fichas, pagamentos indevidos a perdedores e conluio entre crupiês e clientes e, para isso, examinam continuamente os sinais da linguagem corporal.

Nos cassinos, a decifração é constante e contínua, nunca acidental. Câmeras de circuito fechado monitoram o comportamento em todas as partes do cassino, nos restaurantes, bares, guichês e salas de carteado. Câmeras de alta resolução acima das áreas de jogos – coloquialmente conhecidas como "o Olho" – permitem que os seguranças detectem linguagem corporal suspeita, atos anormais, mãos em lugares errados e corpos fora do lugar.

As trapaças na mesa de dados, por exemplo, costumam envolver uma distração, como provocar alguma confusão ou perturbar de alguma forma para que o crupiê tire os olhos do dado. Como os métodos de distração geralmente são exagerados, são facilmente percebidos pelas câmeras. Seguranças especialmente treinados também decodificam sinais sutis com as fichas que os jogadores de pôquer em conluio usam para indicar quais cartas têm nas mãos. De fato, há poucos locais de trabalho onde a decifração seja tão intensa, eficaz ou de tecnologia tão alta quanto um cassino moderno.

Com disciplina em suas observações e aplicando o que aprendeu neste livro, o seu local de trabalho pode ser tão legível quanto qualquer outro na indústria dos jogos. Na verdade, você tem uma vantagem: como vê seus colegas toda hora, todos os dias, todas as semanas, você sabe com quem está lidando. Ao contrário do *software* de reconhecimento de rostos de um cassino, usado para localizar criminosos e trapaceiros reincidentes, tudo o que você precisa para decodificar o seu local de trabalho é um olhar corajoso e destemido. Quanto mais observar os corpos das pessoas enquanto falam, melhor ficará em todas as facetas do seu trabalho. Então, guarde o seu manual pessoal na gaveta – e abra os olhos ao corpo do trabalho. Desejo que você aprecie o drama sensorial do seu trabalho como nunca!

Referências

ADAMY, J. (2007). "Starbucks Chairman Says Trouble May Be Brewing". *The Wall Street Journal* [Disponível em http://www.online.wsj.com – Acesso em 25/02/07].

ADENA (2001a). Correspondência pessoal, 10/04/01.

_____ (2001b). Correspondência pessoal, 12/04/01.

AGINS, T. (2008). "Women Fall Head Over Heels for Shoe Makers' Arch Designs". *Wall Street Journal*, 14/10.

ALFORD, R. (1996). "Adornment". In: LEVINSON, D. & EMBER, M. (orgs.). *Encyclopedia of Cultural Anthropology*. Nova York: Henry Holt, p. 7-9.

ALSTON, J.P. & TAKEI, I. (2005). *Japanese Business Culture and Practices*. Nova York:iUniverse.

ALTMANN, S. (1967). "The Structure of Primate Communication". In: ALTMANN, S. (org.). *Social Communication Among Primates*. Chicago: University of Chicago Press, p. 325-362.

ANDREA (2006). *Blog* pessoal, 27/10/06 [Disponível em http://alphabetgame.blogspot.com/2006_10_01_archive.html – Acesso em 08/08/08.

ANDREWS, H. (2008). "Was Hillary Faking?" Politico.com [Disponível em http://www.politico.com (09/01) – Acesso em 09/01/08].

ANÔNIMO (2009). "Do You Have a Copy of That?" *InfoWorld*, 04/05 [Disponível em www.infoworld.com – Acesso em 15/05/09].

_____ (2008a). *Witness:* Office Shooting Suspect Was Polite [Disponível em www.clickondetroit.com (22/04) – Acesso em 06/08/08].

_____ (2008b). "Toxic Bosses: How to Live with the S.O.B." *BusinessWeek*, 14/08 [Disponível em www.businessweek.com – Acesso em 28/05/09].

_____ (2008c). Happy Office Assistant [Anúncio de emprego publicado em 24/11. – Disponível newyork.craigslist.org – Acesso em 11/12/08].

_____ (2007a). Comentários postados no website Times Educational Supplement [Disponível em www.tes.co.uk (21/03) – Acesso em 24/06/08].

_____ (2007b). Comentários postados no website Toxic Boss [Disponível em www.toxicboss.com/stories/index.html (11/04) – Acesso em 15/06/08].

_____ (2007c). *Cost of Edwards' Haircut Hits $1,250.* [Disponível em www.cbsnews.com (05/07) – Acesso em 10/11/08].

_____ (2007d). *James Cayne Lashes Back at WSJ Report,* 01/11 [Disponível em money.cnn.com – Acesso em 05/08/08].

_____ (2005). Pope, Donald Trump's Hair Among Top Costume Picks, 31/11 [Disponível em http://www.wsbtv.com/halloween/5213331/detail.html – Acesso em 22/09/08].

_____ (1998). "Civility Pays Dividends". *San Diego Union-Tribune*, 06/07, p. CI.

AULETTA, K. (1996). "The Re-education of Michael Kinsley". *The New Yorker*, 13/05 [Disponível em www.kenauletta.com – Acesso em 23/08/08].

BACON, J.A. (2007). "Building 14" [Entrevista da Q&A com Mark Golan, Cisco Systems, 05/02 – Disponível em http://www.baconsrebellion.com – Acesso em 27/09/08].

BAILE, J. (2000a). "'Bowing Out' Means Trouble". *International Game Warden*, outono, p. 8-9.

_____ (2000b). Correspondência pessoal, 29/07.

BALLMER, S. (1999). *Steve Ballmer Speech Transcript – 'Developing Web Applications' Press Briefing* [Comunicado à imprensa, 13/09 – Disponível em www.microsoft.com – Acesso em 26/05/09].

BANDLER, J.; VARCHAVER, N. & BURKE, D. (2009). *How Bernie Madoff Did It*, 24/04 [Disponível em www.money.cnn.com – Acesso em 22/06/09].

BECK, M. (2008). "Hair Apparent? – New Science on the Genetics of Balding". *The Wall Street Journal*, 14/10.

BENNETT, J. (2001). "A Heavy Burden". *Spokesman-Review*, 22/04.

BING, S. (2004). "There is No Crying in Business". *Fortune*, 18/10 [Disponível em www.money.cnn.com – Acesso em 05/08/08].

BINKLEY, C. (2008a). "How to Pull Off 'CEO Casual'". *The Wall Street Journal*, 07/08/08.

_____ (2008b). "The Suit That Turns Me Into a VIP". *The Wall Street Journal*, 30/10.

_____ (2007). "Wall Street Women: Dress Code of Silence". *The Wall Street Journal*, 22/03.

BIXLER, S. (1984). *The Professional Image*. Nova York: G.P. Putnam's Sons.

BRANNIGAN, C. & HUMPHRIES, D. (1972). Human Non-Verbal Behaviour, A Means of Communication. In: BLURTON-JONES, N.G. (org.). *Ethological Studies of Child Behaviour*. Cambridge: Cambridge University Press, p. 37-64.

BROOKS, A.A. (2008). "Shoes 'R' Us". *The Wall Street Journal*, 18-19/10.

BURGOON, J.K.; BULLER, D.B. & WOODALL, W.G. (1989). *Nonverbal Communication*: The Unspoken Dialogue. Nova York: Harper & Row.

BURNS, J. (2007). "Sell Signal: When Boss Buys Trophy Home". *The Wall Street Journal*, 12/04.

BURROUGH, B. & HELYAR, J. (1990). *Barbarians at the Gate*: The Fall of RJR Nabisco. Nova York: Harper & Row.

BYRNES, N. (2006). "Making the Job Meaningful All the Way Down the Line". *Business Week*, 01/05.

CAPUZZO, M. (1991). "The Tiger Tamer, Out of the Spotlight". *Washington Post*, 06/07, p. CI, C8.

CASEY, N. (2008). "Bratz Dolls Begin to Show Their Age". *The Wall Street Journal*, 22/09.

CHAN, J. (2009). *18 Practical Tips on Working with Your Chinese Partners* [Disponível em www.asianmarketingmanagement.com – Acesso em 09/05/09].

CHESBRO, G.C. (1977). *Shadow of a Broken Man*. Nova York: Simon & Schuster.

CLARK, A. (2006). "Gates Cuts Back on Microsoft Role to Concentrate on Charity Projects". *The Guardiani*, 16/06 [Disponível em www.guardian.co.uk – Acesso em 26/05/09].

COLLETT, P. (1983). "Mossi Salutations". *Semiotica*. Vol. 45. [s.l.]: [s.e.], p. 191-248.

COLLIER, L. (2004). *When a Good Cry Just Doesn't Work* [Disponível em www.lornacollier.com (06/10) – Acesso em 05/08/08].

Comentário na Internet (2008). [Disponível em www.bnet.com (31/03) – Acesso em 12/12/08].

_____ (2007). [Disponível em www.yelp.com (07/12) – Acesso em 12/12/08].

COVEL, S. (2008). "Wine Enthusiast Aims for Wider Audience". *The Wall Street Journal*, 06/10 [Disponível em http://www.smsmallbiz.com – Acesso em 06/10/08].

CRAIG, S. (2008a). "Lehman Vet Grapples With the Firm's Repair". *The Wall Street Journal*, 04/09.

_____ (2008b). "Lawmakers Lay into Lehman CEO". *The Wall Street Journal*, 07/10.

CRESWELL, J. & THOMAS JR., L. (2009). "The Talented Mr. Madoff". *The New York Times*, 24/01 [Disponível em www.nytimes.com – Acesso em 30/05/09].

Crítica anônima sobre o sapato "Jolyn", de Brunomagli (2007) [Disponível em http://www.zappos.com – Acesso em 23/03/07).

CRUVER, B. (2002). *Anatomy of Greed*: The Unshredded Truth from an Enron Insider. Nova York: Carroll & Graf.

DARWIN, C. (1872). *The Expression of the Emotions in Man and Animals*. 3. ed. Nova York: Oxford University Press [1998].

DUGAN, I.J. et al. (2007). "How a Business Flop Became Political Force". *The Wall Street Journal*, 12/11.

EICHENWALD, K. (2005). *Conspiracy of Fools*: A True Story. Nova York: Broadway Books.

EKMAN, P. (1998). *The Expression of the Emotions in Man and Animals*. 3. ed. Nova York: Oxford University Press.

FOWLER, J.H. & CHRISTAKIS, N.A. (2008). "Dynamic Spread of Happiness in a Large Social Network: Longitudinal Analysis Over 20 Years in the Framingham Heart Study". *British Medical Journal*, vol. 337, 04/12, p. 2.338 [Disponível em http://www.bmj.com – Acesso em 06/12/08].

GARCIA, J. (2008). *Making Jack Falcone*: An Undercover FBI Agent Takes Down a Mafia Family. Nova York: Touchstone.

GIVENS, D.B. (2009). *The Nonverbal Dictionary of Gestures, Signs, and Body Language Cues*. [s.l.]: Centro de Estudos Não Verbais [Disponível em www.center-for-nonverbal-studies.org].

_____ (2005). *Love Signals*: A Practical Field Guide to the Body Language of Courtship. Nova York: St. Martin's Press.

_____ (1986). "The Big and the Small: Toward a Paleontology of Gesture". *Sign Language Studies*, n. 51, p. 145-167.

_____ (1976). *An Ethological Approach to the Study of Human Nonverbal Communication*. Washington: University of Washington [Tese de doutorado].

GLADWELL, M. (2005). *Blink*: The Power of Thinking Without Thinking. Nova York: Little/Brown and Company.

GOLDIN-MEADOW, S. (2005). *Hearing Gestures*: How Our Hands Help Us Think. Cambridge, Mas.: Harvard University Press.

GUR, R.E. (1975). "Conjugate Lateral Eye Movements as an Index of Hemispheric Activation". *Journal of Personality and Social Psychology*, vol. 31, p. 751-757.

GUTNER, T. (2008). "Applicants' Personalities Put to the Test". *The Wall Street Journal*, 26/08.

HAGAN, J. (2008). "Only the Men Survive: The Crash of Zoe Cruz". *New York*, 27/04 – Disponível em nymag.com – Acesso em 19/10/08].

HALL, E.T. (1959). *The Silent Language*. Garden City, NY.: Doubleday.

HALL, K. & DEVORE, I. (1972). Baboon Social Behavior. In: DOLHINOW, P. (org.). *Primate Patterns*. São Francisco: Holt/Rinehart & Winston, p. 125-180.

HARNAD, S. (1972). "Creativity, Lateral Saccades and the Nondominant Hemisphere". *Perceptual and Motor Skills*. Vol. 34. [s.l.]: [s.e.], p. 653-654.

HECKSCHER, M. (2008). *Shoe Reading: Donna Sozio Proves that Shoe Size Does Matter*, 03/03 [Disponível em www.la.com – Acesso em 26/05/09].

HONAN, W.H. (2001). "H.R. Ball, 79, Ad Executive Credited With Smiley Face". *The New York Times*, 14/04.

JARGON, J. (2008). "Neatness Counts at Kyocera and at Others in the 5S Club". *The Wall Street Journal*, 27/10.

JEN (2006). *Getting Undressed* [Blog pessoal – www.jenandtonic.ca/2006/06/getting_undressed.php, 17/06 – Acesso em 02/05/08].

JONES, J. (1992). "Meaningful Steps". *The Washington Post*, 11/09, p. D5.

KANFER, F. (1960). "Verbal Rate, Eyeblink, and Content in Structured Psychiatric Interviews". *Journal of Abnormal and Social Psychology*, vol. 61, n. 3, p. 341-347.

KARSON, C.N. (1992). "Oculomotor Disorders in Schizophrenia" cap. 56, p. 414-421. In: JOSEPH, A.B. & YOUNG, R.R. (orgs.). *Movement Disorders in Neurology and Neuropsychiatry*. Cambridge, Mass.: Blackwell Scientific.

KEDDIE, A. (2009). "A Fine Slice of Bakewell's Art". *The Southern Reporter*, 14/05 [Disponível em www.thesouthernreporter.co.uk – Acesso em 15/05/09].

KRESSE, J. (comp.) (2001). "Casual Dress at Work Falls Victim to Slowdown". *Spokesman-Review*, 29/07, p. D3.

LaFRANCE, M. (2000). *An Experimental Investigation into the Effects of "Bad Hair"* [Estudo patrocinado pela Procter & Gamble's Physique].

LASKAS, J.M. (1988). "The Pet Shrink". *Washington Post Magazine.* 20/11, p. 34-39.

LAWICK-GOODALL, J. (1968). "The Behaviour of Free-Living Chimpanzees in the Gombe Stream Reserve". *Behavioural Monographs*, vol. 1, p. 161-311.

LeDOUX, J. (1996). *The Emotional Brain*: The Mysterious Underpinnings of Emotional Life. Nova York: Simon & Schuster.

_____ (1995). "Emotion: Clues from the Brain". *Annual Review of Psychology*, 46, p. 209-235.

LEHMAN BROTHERS (2007). Relatório anual de 2007 [Disponível em http://www.fliiby.com, n.d. – Acesso em 05/01/08].

LEOW, J. (2007). "Chinese Bigwigs Are Quick to Reach For the Hair Color". *The Wall Street Journal*, 11/12.

LIEBERMAN, P. (1991). *Uniquely Human*: The Evolution of Speech, Thought, and Selfless Behavior. Cambridge: Harvard University Press.

MacLEAN, P.D. (1990). The *Triune Brain in Evolution.* Nova York: Plenum Press.

MANTHEY, T. (2008). "Tests Tag Workers' Good, Bad Traits". *Arkansas Democrat Gazette*, 26/10 [Disponível em www.nwanews.com – Acesso em 03/12/08].

MATTIOLI, D. (2008). "Layoff Sign: Boss's Cold Shoulder". *The Wall Street Journal*, 23/10.

MAZUR, A. & KEATING, C. (1984). "Military Rank Attainment of a West Point Class: Effects of Cadets' Physicals Features". *American Journal of Sociology*, vol. 90, p. 125-150.

McCRACKEN, G. (1996). *Big Hair*: A Journey into the Transformation of Self. Woodstock, NY: The Overlook Press.

MEGAN (2001). Correspondência pessoal, 10/04.

MELNICK, A. (2007). "Let's Improve Our Office Demeanor". *The DO*, set., p. 14.

MILLER, B. (2005). "Business Golf has Little to do with Putting". *Puget Sound Business Journal*, 15/04 [Disponível em www.bizjournals.com/seattle – Acesso em 05/08/07].

MILTON, P. (2007). "Behavioural Analysis Helps Catch Spies, Poker Tells". *Globe and Mail*, 22/10 [Disponível em www.globeandmail.com].

MIODOWNIK, M. (2008). "Strands of Darwin's Hair are a Fitting Display: Our Hair's Story is Entwined with that of Evolution". *The Guardian*, 17/11 [Disponível em www.guardian.co.uk – Acesso em 20/11/08].

MORRIS, D. (1994). *Bodytalk: The Meaning of Human Gestures* (Nova York: Crown Publishers).

National Business Review (NBR) (2005). "Ad Exec Grabs Best Dressed Headlines" [Disponível em www.scoop.co.nz (15/10) – Acesso em 10/01/09].

NAVARRO, J. (2006). *Read'Em and Reap*. Nova York: HarperCollins.

_____ (2001). Correspondência pessoal, 07/08.

NEEDLEMAN, S. (2008). "Snack Vendor – or Undercover Job Recruiter". *The Wall Street Journal*, 09/09 [Disponível em http://www.online.wsj.com – Acesso em 09/09/08].

NEWSTEAD, A. (2002). "Guboo, Man With a Dream". *Sydney Morning Herald*, 08/06 [Disponível em http://www.smh.com.au – Acesso em 05/0108].

NISHIYAMA, K. (2000). *Doing Business with Japan*: Successful Strategies for Intercultural Communication. Honolulu: University of Hawaii Press.

NOOYI, I. (2005). "Indra Nooyi's Graduation Remarks". *Business Week*, 20/05 [Disponível em www.businessweek.com – Acesso em 13/10/08].

O'BRIEN, T.L. (2005). *Trump Nation*: The Art of Being the Donald. Nova York: Warner Business Books.

OLDENBURG, A. (2004). "Fire the Signature Comb-over, Stylists Say". *USA Today*, 20/01 [Disponível em www.usatoday.com].

O'NEILL, S. (2008). "Feathers. A Flight of Fancy". My Fashion Life [Disponível em www.myfashionlife.com (01/12) – Acesso em 02/12/08].

ORWALL, B. (2004). "In Court Case, a Vivid Portrayal of Eisner's Boardroom Tactics". *The Wall Street Journal*, 23/11.

PEEK, L. (2008). "Goldman Sachs Before the Storm". *The Wall Street Journal*, 01/10.

PLUMB, C. & WILCHINS, D. (2008). "Lehman CEO Fuld's Hubris Contributed to Meltdown". *Reuters*, 14/09 [Disponível em www.reuters.com – Acesso em 05/11/08].

QUE, K. (2008). Comentário na Internet, 21/10 [Disponível em www.brotherhoodofbaldpeople.com – Acesso em 28/10/08].

READ, K.E. (1965). *The High Valley*. Nova York: Charles Scribner's Sons.

RICHTER, S. (2008). "Milling Around at Starbucks: An Open Letter to Howard Schultz". *The Globalist*, 20/06 [Disponível em www.theglobalist.com – Acesso em 12/12/08].

ROCKEFELLER, D. (2002). *Memoirs*. Nova York: Random House.

SANDER, P. (2009). *Madoff*: Corruption, Deceit, and the Making of the World's Most Notorious Ponzi Scheme. Guilford, Con.: Globe Pequot Press.

SAPIR, E. (1929). The Unconscious Patterning of Behavior in Society. In: DUMMER, E.S. (org.). *The Unconscious*: A Symposium. Nova York: Knopf, p. 114-142.

SCOTT, S. (2000). "The Big Bang". *People Weekly*, 27/11, p. 129.

SHELLENBARGER, S. (2008). "When Tough Times Weigh on the Kids". *The Wall Street Journal*, 24/09.

SHOWALTER, E. (2001). "Fade to Greige". *London Review of Books*, vol. 23, n. 1, 14/01 [Disponível em www.lrb.co.uk – Acesso em fev./2007].

SIMONIDOU, A. (2007). *Photo Galleries:* Katie Couric [Disponível em www.tunc.biz/couric_fan.htm – Acesso em 27/03].

SMITH, R. (2008). "An Ironic Look for Lean Times: Extreme Banker". *The Wall Street Journal*, 23/10.

SMITH, R.; RAGHAVAN, A. & DAVIS, A. (2007). "How Zoe Cruz Lost Her Job on Wall Street". *The Wall Street Journal*, 01-02/12.

SOMMER, R. (1967). "Small Group Ecology". *Psychological Bulletin*, vol. 67, n. 2, p. 145-152.

SOUKHANOV, A.H. (1993). "Word Watch". *The Atlantic Monthly*, out., p. 135.

SOUKHANOV, A.H. (org.) (1992). *The American Heritage Dictionary of the English Language*. Nova York: Houghton Mifflin.

SPINNEY, L. (2000). "Bodytalk". *New Scientist*, 08/04.

SPOORS, K.K. (2008). "Top Small Workplaces 2008". *The Wall Street Journal*, 13/10.

STEIN, B. (2008). "Study Says Happiness Spreads Like Virus". *The Washington Post*, 05/12.

STEIN, S. (2008). *Plumes*. New Haven, Con.: Yale University Press.

STERN, D. & BENDER, E. (1974). An Ethological Study of Children Approaching a Strange Adult. In: FRIEDMAN, R. et al. (orgs.). *Sex Differences in Behavior*. Nova York: John Wiley and Sons, p. 233-258.

STRATHERN, A. (1979). *Ongka*: A Self-Account by a New Guinea Big-Man. Nova York: St. Martin's Press.

TABUCHI, H. (2008). "Building Beard Buzz". *The Wall Street Journal*, 24/06.

TIERNEY, J. (2000). "Can Power Transcend Knotted Silk?" *The New York Times*, 01/12/00 [Disponível em www.nytimes.com – Acesso em 12/07/09].

TONG, V. (2008). *CEO Richard Fuld to Leave Lehman by Year-End. Associated Press* [Disponível em ap.google.com (06/11) – Acesso em 07/11/08].

TRUEHEART, C. (1995). "The Right Scuff: Toronto's Shoe Museum". *The Washington Post*, 17/05.

TUNA, C. & WINSTEIN, K.J. (2008). "Economy Promises to Fuel Resume Fraud". *The Wall Street Journal*, 17/11 [Disponível em wsj.com – Acesso em 19/11/08].

VIENNE, V. (1997). "Reinventing the Rules". *Style*, set., p. 149-152, 154, 156, 158, 160.

VRIJ, A.; AKEHURST, L. & MORRIS, P. (1997). "Individual Differences in Hand Movements During Deception". *Journal of Nonverbal Behavior*, vol. 21, n. 2, p. 87-102.

WAAL, F. & LANTING, F. (1997). *Bonobo*: The Forgotten Ape. Berkeley: University of California Press.

WELCH, J. & WELCH, S. (2008). "Release Your Inner Extrovert". *BusinessWeek*, 08/12.

WHITE, G.L. (2008). "The Bitter Battle to Lead TNK-BP". *The Wall Street Journal*, 23/07 [Disponível em http://www.online.wsj.com – Acesso em 30/07/08].

WHITE, R. (2002). "Hands Speak a Thousand Words". *Amsterdam News*, 04/09 [Disponível em www.amsterdamnews.com – Acesso em nov./2007].

WINSTEIN, K.J. (2008). "Inflated Credentials Surface in Executive Suite". *The Wall Street Journal*, 13/11.

WOO, E. (2001). "Designer of 'Smiley Face' Dies at Age 79". *Spokesman-Review*, 15/04.

CULTURAL

Administração
Antropologia
Biografias
Comunicação
Dinâmicas e Jogos
Ecologia e Meio Ambiente
Educação e Pedagogia
Filosofia
História
Letras e Literatura
Obras de referência
Política
Psicologia
Saúde e Nutrição
Serviço Social e Trabalho
Sociologia

CATEQUÉTICO PASTORAL

Catequese
Geral
Crisma
Primeira Eucaristia

Pastoral
Geral
Sacramental
Familiar
Social
Ensino Religioso Escolar

TEOLÓGICO ESPIRITUAL

Biografias
Devocionários
Espiritualidade e Mística
Espiritualidade Mariana
Franciscanismo
Autoconhecimento
Liturgia
Obras de referência
Sagrada Escritura e Livros Apócrifos

Teologia
Bíblica
Histórica
Prática
Sistemática

VOZES NOBILIS

Uma linha editorial especial, com importantes autores, alto valor agregado e qualidade superior.

REVISTAS

Concilium
Estudos Bíblicos
Grande Sinal
REB (Revista Eclesiástica Brasileira)
SEDOC (Serviço de Documentação)

VOZES DE BOLSO

Obras clássicas de Ciências Humanas em formato de bolso.

PRODUTOS SAZONAIS

Folhinha do Sagrado Coração de Jesus
Calendário de Mesa do Sagrado Coração de Jesus
Agenda do Sagrado Coração de Jesus
Almanaque Santo Antônio
Agendinha
Diário Vozes
Meditações para o dia a dia
Guia Litúrgico

CADASTRE-SE
www.vozes.com.br

EDITORA VOZES LTDA.
Rua Frei Luís, 100 – Centro – Cep 25689-900 – Petrópolis, RJ
Tel.: (24) 2233-9000 – Fax: (24) 2231-4676 – E-mail: vendas@vozes.com.br

UNIDADES NO BRASIL: Belo Horizonte, MG – Brasília, DF – Campinas, SP – Cuiabá, MT
Curitiba, PR – Florianópolis, SC – Fortaleza, CE – Goiânia, GO – Juiz de Fora, MG
Manaus, AM – Petrópolis, RJ – Porto Alegre, RS – Recife, PE – Rio de Janeiro, RJ
Salvador, BA – São Paulo, SP